中华复兴之光
深厚文化底蕴

U0577049

华美玉石神韵

杨宏伟 主编

汕头大学出版社

图书在版编目（CIP）数据

华美玉石神韵 / 杨宏伟主编. -- 汕头 : 汕头大学
出版社，2016.1（2023.8重印）
　　（深厚文化底蕴）
　　ISBN 978-7-5658-2396-1

　　Ⅰ．①华… Ⅱ．①杨… Ⅲ．①玉器－介绍－中国
Ⅳ．①K876.8

中国版本图书馆CIP数据核字(2016)第015361号

华美玉石神韵　　　HUAMEI YUSHI SHENYUN

主　　编：杨宏伟
责任编辑：任　维
责任技编：黄东生
封面设计：大华文苑
出版发行：汕头大学出版社
　　　　　广东省汕头市大学路243号汕头大学校园内　邮政编码：515063
电　　话：0754-82904613
印　　刷：三河市嵩川印刷有限公司
开　　本：690mm×960mm 1/16
印　　张：8
字　　数：98千字
版　　次：2016年1月第1版
印　　次：2023年8月第4次印刷
定　　价：39.80元
ISBN 978-7-5658-2396-1

前　言

党的十八大报告指出："把生态文明建设放在突出地位，融入经济建设、政治建设、文化建设、社会建设各方面和全过程，努力建设美丽中国，实现中华民族永续发展。"

可见，美丽中国，是环境之美、时代之美、生活之美、社会之美、百姓之美的总和。生态文明与美丽中国紧密相连，建设美丽中国，其核心就是要按照生态文明要求，通过生态、经济、政治、文化以及社会建设，实现生态良好、经济繁荣、政治和谐以及人民幸福。

悠久的中华文明历史，从来就蕴含着深刻的发展智慧，其中一个重要特征就是强调人与自然的和谐统一，就是把我们人类看作自然世界的和谐组成部分。在新的时期，我们提出尊重自然、顺应自然、保护自然，这是对中华文明的大力弘扬，我们要用勤劳智慧的双手建设美丽中国，实现我们民族永续发展的中国梦想。

因此，美丽中国不仅表现在江山如此多娇方面，更表现在丰富的大美文化内涵方面。中华大地孕育了中华文化，中华文化是中华大地之魂，二者完美地结合，铸就了真正的美丽中国。中华文化源远流长，滚滚黄河、滔滔长江，是最直接的源头。这两大文化浪涛经过千百年冲刷洗礼和不断交流、融合以及沉淀，最终形成了求同存异、兼收并蓄的最辉煌最灿烂的中华文明。

五千年来，薪火相传，一脉相承，伟大的中华文化是世界上唯一绵延不绝而从没中断的古老文化，并始终充满了生机与活力，其根本的原因在于具有强大的包容性和广博性，并充分展现了顽强的生命力和神奇的文化奇观。中华文化的力量，已经深深熔铸到我们的生命力、创造力和凝聚力中，是我们民族的基因。中华民族的精神，也已深深植根于绵延数千年的优秀文化传统之中，是我们的根和魂。

中国文化博大精深，是中华各族人民五千年来创造、传承下来的物质文明和精神文明的总和，其内容包罗万象，浩若星汉，具有很强文化纵深，蕴含丰富宝藏。传承和弘扬优秀民族文化传统，保护民族文化遗产，建设更加优秀的新的中华文化，这是建设美丽中国的根本。

总之，要建设美丽的中国，实现中华文化伟大复兴，首先要站在传统文化前沿，薪火相传，一脉相承，宏扬和发展五千年来优秀的、光明的、先进的、科学的、文明的和自豪的文化，融合古今中外一切文化精华，构建具有中国特色的现代民族文化，向世界和未来展示中华民族的文化力量、文化价值与文化风采，让美丽中国更加辉煌出彩。

为此，在有关部门和专家指导下，我们收集整理了大量古今资料和最新研究成果，特别编撰了本套大型丛书。主要包括万里锦绣河山、悠久文明历史、独特地域风采、深厚建筑古蕴、名胜古迹奇观、珍贵物宝天华、博大精深汉语、千秋辉煌美术、绝美歌舞戏剧、淳朴民风习俗等，充分显示了美丽中国的中华民族厚重文化底蕴和强大民族凝聚力，具有极强系统性、广博性和规模性。

本套丛书唯美展现，美不胜收，语言通俗，图文并茂，形象直观，古风古雅，具有很强可读性、欣赏性和知识性，能够让广大读者全面感受到美丽中国丰富内涵的方方面面，能够增强民族自尊心和文化自豪感，并能很好继承和弘扬中华文化，创造未来中国特色的先进民族文化，引领中华民族走向伟大复兴，实现建设美丽中国的伟大梦想。

目 录

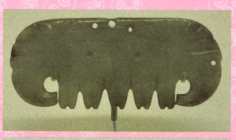

新石器时期玉文化

夏商周玉文化

秦汉隋唐玉文化

宋元明清玉文化

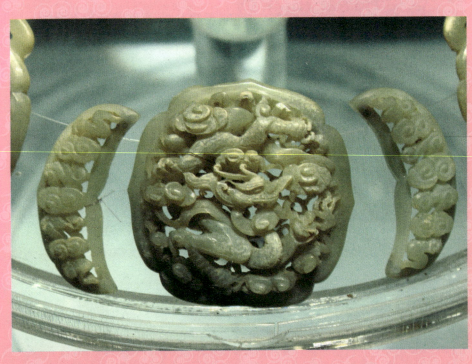

新石器时期玉文化

　　在我国新石器时期，可定名为某一文化的已有数十个，但发现有玉器遗存者，只有十余个。

　　其文化区有仰韶文化、大汶口文化、龙山文化、陶寺文化、齐家文化、新乐文化、红山文化、大溪文化、凌家滩文化、河姆渡文化、马家浜文化、良渚文化等。

　　这些文化区域大多各在一处，有的虽同在一起，但年代有前后关系，或后者就是前一文化的继承和发展。

黄河流域新石器时期玉器

　　黄河流域是中华文明的发源地，是最早进入新石器时期的地区，也是我国最早发现玉器遗存的地区之一。黄河流域新石器时期的玉器以仰韶文化、大汶口文化、龙山文化和齐家文化为代表。

　　仰韶文化最早发现于河南渑池县仰韶村，其分布范围以河南、山西、陕西为中心，西到甘肃、东到河北、北到内蒙古、南到湖北的部分地区，有遗址1000多处。

　　而仰韶文化发现的玉器，则表现了玉文化早期的特征，多以小型

装饰件为主。如在河南省偃师
汤泉沟仰韶文化遗址中发现的
一件青白色玉璜；在临江姜黎
少女墓中发现两件绿色的玉
坠；在湖北均县十家占仰韶文
化遗址亦发现绿色的玉坠。

这些小型装饰玉器虽然分
别发现于多处，但却具有相同
的特点：器身平圆，造型完
整，打磨光滑，穿孔吊挂。

及至仰韶文化晚期，在西安半坡遗址中发现了用和田玉制作的玉
斧，在河南南阳黄山仰韶文化遗址中发现了墨绿色的独山玉斧。

这两件玉斧所折射出的文化内涵和前期相比，就大不一样了：一
是证明早在六七千年以前，新疆软玉即已东进中原；二是从石斧到玉
斧，绝不是简单的用材更换，而是一次意识形态重大飞跃的体现。

仰韶文化属于新石器时期中期，其玉器尚处于我国玉文化"只几
个石头磨过"的"小儿时代"，而大汶口文化距今约6500多年，其自
身约有2000多年的发展历史。

大汶口文化主要分布在山东的中南部和江苏北部地区，其影响所
及达河南中西部、安徽和山东的北部，最东一直到黄海之滨，遗址200
多处，墓葬2000多座。

大汶口文化处于原始社会末期母系制日益解体、父系制逐渐兴起
的时期。大汶口遗址原本是一处氏族公社的公共墓地，由于墓葬之间
叠压和打破现象较多，反映该墓地延续使用的时间很长，随葬品十分

丰富。

大汶口墓葬中发现了一大批精致的玉器，有玉铲、玉凿、玉锛、玉笄、玉管、玉臂环、玉指环以及罕见的绿松石骨雕筒等，这些都是新石器时期后期氏族社会发生深刻变化的历史阶段的重要遗物，是文明即将到来之前文明意识及社会上层建筑的体现。

大汶口文化的全部墓葬，生动地反映了这一时期玉器从少到多、从小到大的发展过程。从大汶口墓葬资料来看，在早期的30座墓葬中，平均每墓葬品7件；在中期的67座墓中，平均每墓葬品17件；在后期的18座墓中，平均每墓葬品剧升为45件。

在大汶口墓葬群的早期几乎无玉随葬，例如，早期的一座典型大墓，各种随葬品共有60多件，其中精美的透雕象牙梳和放置于墓主人头部和肩部的象牙琮，反映了墓主的显贵以及大汶口早期居民艺术创造力和原始宗教的发达程度，但就是没有一件玉器。

在另一座同期的中型墓中，在女墓主的左耳下发现了一枚小绿松石片。还有一座墓中发现一件戴在墓主人手指处的镶绿松色的骨指环。这一切都表明在大汶口墓葬的早期和仰韶文化时期相似，玉器尚处于起步阶段。

大汶口文化的晚期，由于社会生产力的发展和文明程度的提高，玉器生产已经很发达，随葬玉器的数量增多，品质提高。

如一座晚期大墓，墓主为一名50岁左右的女性，手臂戴有玉环，手指戴有玉戒，胸前有一串绿松石片，右股间放置一玉铲。此外，头上还戴有象牙梳和3套珠串，右股处有一骨雕筒。还放有一对兽骨和玉指环。

龙山文化处于新石器末期。龙山文化玉器主要遗址有历城城子崖、日照两城镇、胶县三里河、诸城呈子、东海峪、茌平尚庄、泗水尹家城、武莲县丹上村等地。山东境外著名龙山文化玉器也普遍存在，如陕西神木石卯等。

龙山文化玉器的主要品种有穿孔玉斧、斧形玉刀、玉销、玉铲、玉珊、锻形玉玲、玉钺刀、玉兰刀、玉坚、玉璜、组合玉佩、玉用、玉笞、玉别、玉管、玉液巩、阳彩玉器、几何形玉器、人头玉雕像以及嵌绿松石的骨器等。这些玉器大多琢磨精致、造型优美、晶莹圆润，具有较高的艺术水平。

龙山文化遗址中有许多玉石装饰品，鸟形或鸟头形玉饰成组随葬，为以后商代大量盛行动物雕开创了先例。另外还有玉斧、玉锛、玉刀、玉凿、玉璇玑等。

龙山文化和大汶口文化玉器相比，在意识形态和礼仪特征方面，有了很大的进步，这跟龙山时期的社会生产力和社会组织形态是相适

应的。

龙山文化时期的生产及制作技术有了明显的突破，比如龙山文化时期的玉刀，长49.1厘米，宽5.9厘米，厚0.1厘米，玉料墨绿色。体薄而扁长，宽边处由两面磨成薄刃，有3个等距圆孔。玉刀正面光滑，背面粗涩且有土浸痕，似未经打磨。

这件玉刀虽有利刃，但如此宽薄，显然不是实用器，推测为祭祀器或作仪仗礼器。

还有一件龙山文化时期的玉三孔铲，发现于山东省日照市两城镇，长27厘米，宽16厘米，厚0.8厘米，玉料为淡黄色中带绿色，一面受腐蚀较重。体扁平，呈肩窄刃宽的梯形，刃锋锐，两面磨成，并稍有崩裂。正中有一圆孔，孔一侧上下又钻两圆孔，且各有一深碧色石塞嵌入孔内。

此器制作规整，宽大而薄，器面上看不出捆扎和使用的痕迹，已

不是生产工具，而是作为礼器、仪仗或祭祀器。

齐家文化位于黄河上游，以甘肃省东南部为主要分布地的新石器时期末期文化。其地域范围东自泾、渭二河，南至北龙江流域，西起湟水一线，北至内蒙古阿拉善左旗，有遗址350多处，墓葬500多座，发现了玉斧、玉铲、玉璧、玉琮等

一批精致的玉器。

齐家文化最负盛名的玉器发现于武威皇娘娘台遗址，这是一处面积约10万平方米的较单纯的齐家文化遗址，共有墓葬88座，获得了相当一批重要的玉器，其中精彩的器件如：

玉铲6件，梯形扁薄造型，制作规矩，锋刃锐利。并且通体磨光。靠背部处穿一孔，以便配置铲柄之用。皆碧

绿色和乳白色玉材琢制，质料细致坚硬。玉质感较好。长10~20厘米、刃宽4~5厘米。

玉锛5件，长方形造型，锋刃锐利，打磨异常精致，桥宽3~4厘米，显得小巧玲珑，皆为碧绿色玉材琢制，给人以美的享受。

玉璜5件，扇面形态，两端有孔，便于系挂，乳白色玉材琢制。

皇娘娘台发现的玉璧形制较为特别，有圆形、椭圆形和方形3种，多用绿色玉材和汉白玉琢成，有264件。

在齐家文化中，玉璧被用来敬祭天地，但当时玉璧首先是一种财富，或者直接就是一种高档次的货币。先民们用财富祭祀天地，也在情理之中。

皇娘娘台发现的玉珠多以绿松石制成，呈长条或扁圆形。中间有孔，便于穿缀悬挂。

在皇娘娘台众多古墓中，当时玉器的琢磨技术已较高，选料也较

精良，反映出这里已经盛行葬玉习俗。如在一座双人墓中，男女墓主口内各含绿松石珠3枚，男子贴身玉璧5件，女子也有3件。在另一墓中，两个女性颈部都佩戴钻孔的绿松石珠数枚。

这些现象表明，玉在齐家文化居民的心目中已有了重要位置。这里还有一个有趣的现象：那些没有能力随葬玉器的人家，常在墓中放几片粗玉片、粗玉石块或小玉石子。他们不随葬日常生活中常用的陶、角、骨、石等物，却宁愿把不成造型的玉石块带入墓中，联系到墓葬里卜骨的出现，说明迷信心理和占卜习俗在那里已相当浓厚。

齐家文化玉器遗存除武威皇娘娘台以外，还有甘肃永靖秦魏家、大何庄等众多遗址，但大多只发现有绿松石珠、玛瑙等装饰品，其他玉甚少。

知识点滴

龙山文化一些著名的玉器，如胶县的组合鸟形玉佩，日照的鸟纹石镇、鹰攫人头玉雕，这些都应是东夷部落图腾的生动体现。

从龙山文化发现的古玉当中，可以看到帝颛顼时代用玉礼仪的盛况。龙山文化后期的玉斧、玉刀、玉铲、玉钺、玉璧、玉佩等，无一不是礼仪用玉或仪仗用玉。

特别是刻兽面纹玉钺和双面兽面纹玉斧，更是具有典型王权特征的玉器，显示龙山文化后期礼仪用玉已经发展到一个相当成熟的阶段。

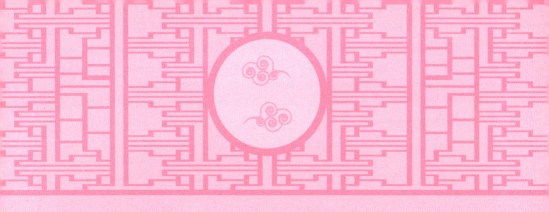

长江中下游地区的早期玉器

长江中下游地区进入新石器时期的时间，要稍晚于黄河流域，但在玉器方面，其分布范围之广、玉器遗存之多、品种内涵之丰富及艺术境界之高超，均为世人所瞩目。

长江中游新石器时期玉器以四川省巫山大溪文化、湖北省天门石家河文化、安徽省潜山薛家岗文化和含山凌家滩文化玉器为代表。

大溪遗址位于巫山瞿塘峡南岸，大溪文化的范围西达川东、东临汉水、南至湘北、北抵荆州。起始年代大约为公元前4400~前2700年，延续了1700余年。

大溪遗址发现有玉钺、玉玦、玉环、玉坠及纽形饰等玉制装饰品，共有3类：一是耳饰类，有块形、梯形、方形、圆形等各种耳饰多

件；二是臂饰，即玉锡；三是项饰类，有小型的玉琅、玉璧、玉坠等饰物。

石家河文化晚期的瓮棺葬及其众多的玉器，是长江中游新石器时期玉器的一个重要特色。所谓瓮棺葬是以陶制瓮、缸、盆、钵、罐等容器为葬具，将两者相扣构成瓮棺，安葬死者及置放随葬物品。

石家河隶属于湖北天门县，有许多新石器时期遗址，尤其肖家屋脊遗址，有属于石家河文化晚期的瓮棺葬16座。在最大一座瓮棺之中发现随葬玉器56件，计有玉人头像6件、玉虎头像5件、玉盘龙1件、玉坤11件、玉飞鹰1件、玉珍2件、玉管10件、玉坠1件、玉珠5件、圆玉片2件、玉筹2件、玉柄形饰5件，另有碎玉玦5件。

该墓的玉器数竟占16座墓随葬玉器总数的一半以上，并且还囊括了石家河文化玉器的大部分品种。在其他瓮棺之中，同期发现的品种还有玉羊头、玉鹿头、玉牌形饰、玉长方形透雕片饰及玉纺轮、玉锅、玉刀等。

石家河文化晚期墓葬的总体特征是以玉为主，或称以玉殓葬。从肖家屋脊109座墓葬观察，属晚期者77座，16座瓮棺葬中除一座墓葬有一只陶杯外，所有随葬之物全部都是玉器，而没有其他任何生活用具。有的墓虽没有玉器，但却放入了几枚残玉或其碎片。

安徽省潜山薛家岗遗址的玉制品多出于薛家岗新石器时期遗址的第三期当中，该期共有墓葬80座，计有玉铲11件、玉环18件、玉根18件、玉管85件、玉琮2件、玉饰33件、无名玉器1件。在这批墓中，随葬品最少的只有两件器皿。最多的有46件，其中玉制品达30件。

薛家岗文化距今5000多年，当时佩戴玉器风气盛行，琢玉技术已经成熟，以玉装饰、随葬已成习俗，玉崇拜意识已较突出。薛家岗的一件石铲、石斧及多孔石刀非常引人注目，有一件13孔石刀长达51.6厘米，宽有12厘米；器形规整，刀刃锋利，孔距相等，磨制精细。

另外有的玉刀、玉铲还在钻孔周围绘有红色的花果图案，既能实用，又可作礼仪之具，这在新石器时期是不多见的。

安徽省合山凌家滩位于安徽东部，这是长江中下游地区发现新石器时期玉器的一处重要遗址。发现墓葬47座，玉器96件，主要品种有玉珊、玉璧、玉玦、玉环、玉璜、玉管、扣形玉饰、纽彩玉饰、刻纹玉饰、三角形玉片、玉勺、玉鱼、玉龟、玉人、玉斧形器等。该处玉器琢制精美，技术高超。墓葬反映当时用玉习俗盛行，具有较典型的宗教和礼仪特征。

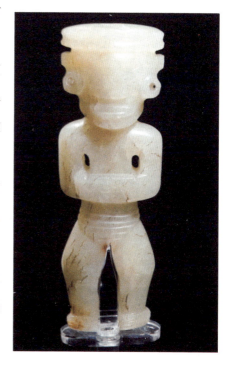

长江下游地区玉器遗存是以河姆渡文化、马家浜文化和良渚文化为主要代表。除此以外还包括相当于马家浜文化时期的南京北阴阳营文化。这几支重要的文化遍布浙江、江苏和上海的大片地区，发现了大量精美的玉器文物，显示出新石器时期末期我国玉文化的盛况。

河姆渡文化遗址位于浙江省余姚县和宁波市之间，遗物十分丰富，共有玉、石、木、骨、陶各种文物6000多件，其中玉石器数以千计，共有玉环、玉玦、玉管、玉珠四大品种。

河姆渡文化距今7000年左右，玉器尚处于早期饰品阶段，具体特征表现为：一是玉、石混用，同样造型的装饰有玉质的，又有石质的；二是做工粗糙，雏形不甚规整；三是品种单调，除装饰用外，尚未出现其他别的玉器。

马家浜文化是环太湖地区范围内与河姆渡文化平行发展的一支新石器时期文化。其年代和河姆渡文化相当，距今7000年之久。其分布范围东自东海之滨，南至太湖流域，西起宁镇山脉，北达江淮之间。

马家浜文化浙江嘉兴马家浜遗址发现玉玦两件，一件乳黄色，一件乳白色，直径分别为3.2厘米和7厘米，在墓穴中都置于头骨旁边，似作耳坠用。另外，在吴江县梅堰镇遗址、苏州市西南郊越王城遗址、吴兴县太湖边的邱城遗址、武进县戚墅堰镇

西南的圩墩遗址及该镇西北方位的潘家城遗址等，发现的玉器主要有玉璜、玉玦、玉镯、玉管及玉坠等。所用玉材有白玉、青玉、蛇纹石玉料和玛瑙。

马家浜文化玉器状况与河姆渡文化相仿，属玉器文化的初起时期。但是，这一切都为以后玉器的发展奠定了基础。

良渚文化是我国长江下游地区新石器时期晚期的一支重要文化，以环太湖流域为中心，东到舟山群岛，西达宁镇一线，南从宁绍平原，北至苏北地区的良渚文化玉殓葬原始风貌，展现了良渚先民以其卓越超群的勤劳和智慧，创造出震惊世界的玉文化千秋伟业。

良渚遗址是指包括良渚、安溪、长命、北湖4个乡在内的大型史前遗址群，有大小遗址40余处。最具代表性的还是良渚遗址中的大型祭坛遗址。反山良渚文化祭坛遗址位于杭州余杭县长命乡雉山村，在650平方米的范围内有墓葬11座，这些古墓全部位于一座人工堆筑的"高台土冢"之上。

冢内玉器不但数量大，而且质量高，其中更有具王权意义的器物，在国内无有出其右者，共有玉器1100余件（套）。

若以单件计算，随葬器件总数竟达3200余件，平均每墓有300件之多。这种盛况不但在全国新石器时期墓葬中难得一见，即使在良渚遗址的墓葬群中也属翘楚。

这些玉器的品种为：玉璧5件、玉琮21件、玉钺5组、玉璜4件、玉镯12件、玉带钩3件、冠形饰9件、锥形饰73件、圆牌形饰131件、镶插端饰19件。

此外还有七状器、杖端饰、串控制合管，单品种有竹节形管、束腰彩管、鼓形人珠、小珠、束腰形珠、球形珠、小圆形珠；坠饰有球形管；串缀饰有鸟4件、鱼1件、龟1件、蝉1件。此外还有镶嵌件。

以上所列举的这些玉器皆用软玉琢成，色泽多样，打磨光洁，可谓尽皆上品。

良渚文化早期玉器品种还不算很多，玉面朴素，造型也相对简单。良渚中期以后玉器品种极为丰富，造型纹样复杂多变，神权及王权意识更加突出。如良渚玉斧，扁平梯形，下端为圆形，斧刃部有固定用孔，造型非常完美。边缘皆成平圆形，朴素无华，以玉质之美冲击人们的视觉感官。

良渚玉璧也有乳黄、淡红、褐红、灰白、淡绿、黄褐、黑褐各种颜色。最大者直径26厘米，孔径3.6厘米，加之大多打磨光亮，使玉之美色尽现。

玉琮在良渚玉器中数量很多，全部用透闪石软玉琢制，造型分迹式短筒形和内圆外方柱体形。外壁或饰以形象背面纹或雕琢象征背面纹。良渚玉器雕琢的精细程度令人赞叹不已，加寺墩遗址一件玉琮，被誉为"史前玉器的代表作品"。该琮高7.2厘米、射径8.5厘米至6.7厘米，孔径6.8厘米至6.7厘米。

单说在其形象周围雕琢了许多极其细密的云纹、雷纹，这些纹样由弧形的、细小的短直线组成，一个0.2厘米的圆竟由七八个小的直线衔接而成，一条0.2厘米~0.3厘米的直线也以数点相连而成刻纹，最细的仅0.07厘米，堪称鬼斧神工之作。还有一件被誉为"玉琮王"的，高8.8厘米，射径17.1~17.6厘米，孔径4.9厘米。黄白色，有规则紫红色瑕斑。此外，器形呈扁矮的方柱体，内圆外方，上下端为圆面的射，中有对钻圆孔，俯视如玉璧形。

琮体四面中间由约5厘米宽的直槽一分为二，由横槽分为4节。这件玉琮重约6500克，形体宽阔硕大，纹饰独特繁缛，为良渚文化玉琮之首。琮是一种用来祭祀地神的礼器。看良渚文化的玉琮，它的形状内圆外方，中间为圆孔，它可能是原始先民"天圆地方"宇宙观的体现，圆象征着天，方象征着地，琮具有方圆，正是象征天地的贯穿。在当时，每当丰收或祭日时，就举行隆重的祭祀典礼，良渚先民就用它来与天地神灵沟通。因此，玉琮是良渚人所用的宗教法器。

这些玉器创作，反映墓葬的规格相当高，从这批出土玉器的用途和象征意义上，可推知墓主所掌握的神权、军事统帅权、氏族领导权和大量财富的支配权。

良渚文化玉器中最令人瞩目的是以"两眼一嘴"为特征的所谓"兽面纹"，这也是最具代表性的纹饰。这种"兽面纹"或繁或简，变化多端，它以其狰狞而怪异的色彩和对后世纹饰，尤其是商周青铜器饕餮纹有巨大影响。

良渚文化玉器上刻有很多生动的鸟纹，如良渚文化反山墓地出土的一件全玉钺，袖身上琢有良渚神徽和神鸟图像。同在此墓出土另一件玉琮，琢有16只相同的神鸟图形。作为良渚神徽的神人兽面像，其神人的脚是三爪鸟足之形，神人的冠帽琢有羽毛纹样。从良渚玉冠的结构上来看，良渚人有在冠帽上插饰羽毛的习俗。这一切说明良渚人是崇尚鸟的氏族，鸟正是良渚氏族的图腾。

知识点滴

从考古发现来看，良渚文化玉器比龙山文化玉器显得更加发达。首先，良渚文化遗址出土玉器的数量比龙山文化遗址更多更集中；其次，良渚文化遗址出土了许多重器，而龙山文化遗址却很鲜见。比如，在龙山文化时期还尚未见到成形球类玉器，头戴冠冕和垂挂类饰物也很少见。

再有良渚玉器纹样装饰很发达，而龙山玉器多素身无纹。但是，这两者也有很多一致的地方，从玉器形制上来看，虽然良渚少珑、龙山无球，但作为史前玉器的代表性品种如珍、珠、管、坠及斧、刀、铲等器的基本形制皆大同小异。从用玉习俗上来看，以玉礼天、以玉随葬的意识也是完全相同的。

夏商周玉文化

　　玉文化在夏商周三代进入了"礼"的最高境界，表现出了礼制化的风格，玉器与政治、宗教、道德、文化融为一体。体现了血缘制度，赋予爵位等级而政治化；排列玉之形制，赋予阴阳思想而宗教化；抽绎玉之属性，赋予哲学思想而道德化。

　　此时期创作风格和艺术手法突出神韵，富有流畅婉转的韵律美。夏玉尚忠，商玉尚质，周玉尚文。

表现礼玉文化的夏代玉器

　　我国古史传说中最著名的一篇便是大禹治水。治水是为了平定水患，让人民休养生息，使社会获得发展。

　　这件事本身并不属于意识形态的范畴，但在古史传说中它也上升为神话，说大禹获得了先祖神伏羲之助，得授玉简，并嘱咐大禹：

"此玉简长一尺二寸以合十二时之数，使用此玉简可以度量天地、定水土、开山门、疏导河流。"

大禹得到玉简，削平了龙门山并凿开宽有80步的龙门水道，这才获得了治水成功。这便是通过神话的形式使一件纯粹属于一般性的行为跟玉文化硬联系在一起了，其实这也是玉崇拜心理的一种反映。

公元前2070年，大禹的儿子启开创了子承父位的世袭王

朝制度，开始了"天下为公"到"天下为家"的转变，建立了我国历史上第一个奴隶制国家夏王朝，王都河南偃师，标志着中华大地上的远古人类开始跨进文明的门槛，古老的部落被国家所替代。

许多文献中的资料表明，夏代是一个崇尚玉的朝代。夏文化的文明区域以河南西部为中心，辐射河南、山西、湖北、河北、山东等地。

重要的遗址有河南偃师二里头、郑州洛达庙、洛阳东干沟、陕县七里铺，山西夏县等地。

夏朝的奴隶制国家形态中，开始出现了高度发达的青铜文化，玉器不能像在原始社会那样在社会生活的诸方面继续统治人民的思想。

河南偃师二里头夏文化遗址中发现的玉器形制庄重、风格独特、超凡脱俗，证实是夏代玉器的典型代表。玉器种类有玉圭、玉璋、玉

琮、柄形饰等，为王室专用，烘托出贵族气氛。

　　二里头文化发现的玉器品种有钺、戚、牙璋、刀、戈、矛、圭、柄形器、珠、管、坠等。其用途或作佩饰，或作仪仗。其中仪仗器是继新石器时期已有的基础上发展演变而来，在造型上并无多大的变化，只是器形较宽，有的还饰有纹图，侧边有若干个齿状脊牙，玉钺刃边作多角等，而与此前玉器略有差别。

　　装饰品类玉器有玉珠、玉镯、玉管、嵌绿松石兽面纹牌饰；兵仗类有玉戈、玉钺、玉刀、玉戚；生产工具类有玉铲、玉斧、玉镞。

　　夏代玉器造型主要为几何形器物，以直方形为主，如玉圭、玉刀、玉斧，大多数光素，无纹饰。柄形饰为创新玉器，造型为商、周同类玉器开了先规，是夏王朝的重要发明。

　　夏代玉器造型分为二式：一式为长方棒形，光素；二式为玉柄，可分上、中、下3组兽形纹，装饰两组浅浮雕似花瓣纹，兽面用双阴线与浅浮雕相结合的技法精心雕成，线条自然流畅，典型庄重，工艺极为精美。经鉴定，夏代的玉柄其作用类似于权杖，是夏王朝最高权力的象征。

镶嵌玉器的典型代表为镶嵌绿松石兽面纹铜牌饰，以青铜饰牌为衬底，其上用数百块各种形状的绿松石薄片镶嵌而成饕餮纹图案，饕餮双目正圆，鼻与身脊相通，两角长而上延，卷曲似尾，所嵌各形绿松石相互接合，工艺精巧，制作精细，美学内涵丰富，是夏朝典型的铜镶玉工艺，开青铜器上镶嵌绿松石工艺之先河。

玉戈造型规范，分为二式：一式为尖锋，双刃，援与内相连处有叙线纹，无中脊，内有一孔，保持龙山文化玉戈的造型特色，是龙山文化玉戈的延续；二式为尖锋，锋前端略起一段中脊，内部窄短，穿一孔。二里头文化发现的玉戈最长可达43厘米，器形之大，应该是典型的兵杖玉器。

玉钺造型分为二式：一式为长方形，两侧边缘出脊齿，刃略作弧形，是龙山文化玉钺的延续；二式为创新型，整体近圆形，顶端较圆，两侧直，有数个脊齿，弧刃分成四连刃，从力学原理分析，短形四连刃的砍杀力会相对增强，每段为双面直刃，中间有一孔，重要的价值在于为商周同类器形开了先河。

玉刀造型为长条梯形，分为三式：一式为长条梯形；二式为两侧出脊齿；三式为两端均刻以交叉的直线阴纹组成的细网络纹，平行于刃部的长直线纹，刃宽最长可达65.2厘米，是新石器

时期生产工具石刃的延续。如著名的七孔大玉刀。

二里头文化遗址的夏代玉器中，兵杖类玉器占了较为重要的地位，突出反映了"以玉为兵"的历史事实和"轩辕之时，神农氏势衰，诸侯相侵伐"的炎黄之战、黄帝蚩尤之战、共工颛顼之战的氏族社会末期社会战乱的实景。

战争的结果是强大部落兼并弱小部落，社会开始向部落融合统一，即形成国家迈进。

玉戈、玉钺、玉刀是作为兵器形成出现的三大类型"礼权玉器"。这些器物证实，夏王朝是经过长期战争，才得以建国执政的，象征的是夏朝君王的军权和战争的胜利与凯旋。玉器所反映的是战争与征服和礼从的特殊文化形态。

夏代玉器的加工工艺有了很大进步，除了继承新石器时期的石质工具之外，开始使用金属工具。在玉料的切割、钻孔、镂空、纹饰、边饰等工艺上有自己的特色。

如二里头文化发现的玉琮、玉箍，孔洞制造得非常工整，在片状器、筒状器上开始出现镂空玉器。

边饰在夏代玉器中，表现为对玉器边缘进行加工，形成复杂的凹凸形状。

纹饰主要有直线纹、云雷纹、兽面纹、斜格纹。云雷纹主要见于玉圭；兽面纹，橄榄形眼眶是新石器时期长江流域石家河文化虎形玉环的延续，宽鼻阔口形态是龙山文化玉器兽面纹的蓝本。重要价值是为商周玉器青铜器兽面纹打开了良好的基础。

夏代玉器工艺规整，表面光滑，在阴线纹的刻法上，根据线纹形式的不同需要，在玉器表现刻画出条条细阴线，称为"勾"法。

在阴线沟槽的一个立面，用砣轮向外拓展，形成较宽的斜坡面，称为"彻"法，即"勾彻法"。它使两条平行阴线产生差异，具有层次感与活跃感，是勾彻法的工艺特色。

与新石器时期玉器的阴线纹比较，夏代玉器在形式美上有了较大进步，并为后世数千年玉器阴线纹工艺技法奠定了基础。

玉器说明，随着夏王朝作为第一个统一的奴隶制国家出现，不仅玉器有许多创新，而且为显示至高无上的权威，不惜工本以当时最名贵的玉料制作仪仗器。

当时的玉器，集其前代和周边地区同时期各文化玉器之精华于一身，并从以周边地区为主体的玉器制作和使用，向夏王朝腹心地带转移，显示夏王朝强大的地位和实力。

从偃师二里头文化遗址发现的玉器来看，夏代玉器明显受到红山文化、良渚文化和龙山文化的影响，在造型、纹饰和制作工艺上又与商代玉器有着直接的渊源。

夏代玉器的风格是红山、良渚、龙山文化玉器向殷商玉器的过渡形态，夏代治玉工具以青铜砣机，玉器体薄饰细阴线几何纹。

二里头文化玉器的饰纹，亦有新的发现，一件柄形器上的花瓣纹、人面纹、双钩饰纹和人面纹上的"臣"字形目等最引人注意。它不仅为此期的创始，而且对其后玉器的饰纹有着重大的影响。

二里头文化的玉器中，数量较多且为首次出现的是所谓"柄形器"。鉴于此类器物前有榫，推测其可能作某种器之柄而定为"柄形器"。

由于此类器从未发现其榫端有器物，故对其定名又提出怀疑，有的称其为刀具，有的称其为死去祖先的牌位。

这类物曾数次见到其榫前端有数十块小玉片等组成的某形体物，且制作精美，甚至有下面嵌托黄金片者。有的置于棺椁内和盖上，有的置于墓葬周壁间的墓道口，显然有某种特殊作用和意义，可能是一种辟邪圣物。

展现灿烂景象的商代玉器

商代是我国第一个有书写文字的奴隶制国家，中原玉器在继承辽河及长江流域新石器时期琢玉技艺的基础上，汲取了以夏代二里头玉器为代表的精华。

可以说，殷商的制玉业对于我国古代造型艺术的发展，尤其是对后世的雕刻艺术产生了广泛而深远的影响。同时，由于青铜制作工具在琢玉领域的不断运用和完善，使方兴未艾的青铜制造业和传统的制玉业得到了互补，达到了相得益彰的效果。

为玉器技术的改进和发展提供了重要保障，增添了前所未有

的活力，并逐渐走向成熟，达到了极高的艺术造诣，带来了文明社会玉器业的第一次发展高峰，从而开创了我国玉文化的一代新风，呈现出一派灿烂的景象。

商代的玉器制作并没有因青铜器的崛起而失色，相反，青铜治玉工具的出现促进了玉器制作技术的进一步提高，增加了玉器的品种与表现形式，加上统治者对玉器的重视，使商代玉器制作的规模和工艺水平更加精细，更富于人性化。

商代早期玉器在研磨、切削、勾线、浮雕、钻孔和抛光，以及玉料的运用和创作造型等方面，都达到了很高的水平。到了商代晚期，玉器的图案设计、雕琢工艺、抛光技术等，与早期相比有了明显的进步。如一件商代前期大玉戈，玉质仪仗器，长94厘米、宽14厘米、厚仅1厘米，堪称"玉戈之王"。

从装饰题材看，可以分为动物、人物、神话形象，以及戈、璜、琮、环及铲等。

工匠们受到了自然界和人类社会中事物的启发，采用薄片雕剪影的视觉效果，或圆雕的写实手法，用线面结合的方式，加之"臣"字目、变形云纹、鳞纹、龙纹、凤纹、连珠纹、神人兽面纹、兽面饕餮纹、双钩线纹等的流行，生动地刻画出作品的表情和神态，赋予美石本身更多的艺术韵味。

同时，以朴实自然的审美观念，将玉石沉稳柔和的色调同优美流畅的线条有机地融合在一起，达到了传神的艺术效果，成为奴隶主贵族和上层社会人们喜爱和追逐的对象。

但是，这并不能代表殷商玉雕艺术的最高境界，殷商是一个崇信鬼神的朝代，许多玉器中都蕴含着浓重的神鬼观念和宗教意识。

为了更好地表现玉石的美感，商代玉工们在承袭夏代镶嵌工艺的基础上，进一步发扬光大。在戈、矛、剑等青铜兵器上镶嵌玉石，装饰着饕餮纹、夔龙纹、云雷纹等，并发展成为一种普遍现象。

如新郑望京楼新村乡和妇好墓的铜内玉援戈，以及安阳市黑河路出土的铜骹玉矛，虽然都为铜内玉援戈，但前者的内部装饰着变形夔纹，而后者的内部除装饰饕餮纹外，还镶满绿松石，给人以华丽的美感。铜骹上镶嵌的绿松石大多已经脱落，但其精湛的制作工艺，仍让人产生很多美好的遐思。

商代玉器长期以来被认为是我国古代雕刻艺术的奇葩，由安阳殷

墟商王武丁的夫人妇好墓发现的700多件玉器可见一斑。

商代妇好墓的玉器分为礼器、仪仗、工具、用具、装饰、艺术品以及杂品等7类，反映出当时玉器的用途甚广、地位至尊的历史面貌，其中生肖玉器占很大分量。

妇好墓玉器装饰图案发明了双勾线雕法，即双线并列的阴刻线条间又呈现出一条阳线，图案画面由阴线构成，使画面变得更加生动，凡此都表现为商代玉器发展的一个新的高峰。妇好墓出土玉器的原料，大部分是新疆玉，只有3件嘴形器质地近似岫岩玉，1件玉戈有人认为是独山玉，另有少数硅质板岩和大理岩。

这说明商王室用玉以新疆和田玉为主体，有别于近畿其他贵族和各方国首领所用的玉器，从而结束了我国古代长达两三千年用彩石玉器的阶段。

妇好墓玉器的新器型有簋盘纺轮、梳、耳勺、虎、象、鹦鹉、鸽、燕雏、鸬鹚、鹅、鸭、螳螂、龙凤双体、凤、怪鸟、怪兽以及各式人物形象等，其中有些器型尚属罕见。

妇好墓玉器的艺术特点不仅继承了原始社会的艺术传统，而且依据现实生活又有所创新，如玉龙继承了红山文化的玉龙，仍属蛇身龙系统而又有变化，头更大，角、目、口、齿更突出，身施菱形鳞纹，昂首张口，身躯卷曲，似欲腾空，形体趋于完善。

玉凤是新创形式，高冠勾喙，短翅长尾，飘逸洒脱，与玉龙形成对照。玉龙、玉凤和龙凤相叠等玉雕的产生可能与巫术有关。

玉象、玉虎等动物玉雕来自生活，用夸张概括的象征性手法准确地体现了动物的个性，如象的温顺，虎的凶猛等。

尤其是妇好墓还发现了红山文化的玉钩形器及石家河文化的玉凤，这说明收藏古玉已经是古人的一种文化生活。妇好是个爱玉的人，在她的墓中有500多件佩玉。

妇好墓中最重要的一件玉器，就是一个跪坐的玉人，是一个圆雕的玉件。所谓圆雕，就是立体雕，其前后、左右、上下，转着圈儿都能看。

《周礼·考工记》里有记载，说王室设玉作来管理玉人。所谓玉作，就是王室设办了玉的作坊，专门管理制造玉的奴隶，这些奴隶当时也被称为"玉人"。

奴隶社会到了商代的时候，有一个重要的社会分工，就是农业和手工业的分工。因为有了这个分工，才有了这些专业作坊的出现，才有了以做工为生的人。他们以做工为生，不以种地为生，这是社会进步的标志。

妇好墓的这个玉人，有个不解的谜团。一个不明物体从玉人的左侧插入后背，从侧面看得很清楚，猜测有两个可能：

第一，这个玉人就是妇好的形象，身后的柄型器是一个礼仪用具，可能是她出席重要场合，配合礼仪形象佩戴的东西。

第二，这个玉人不是妇好，而是一个巫

师的形象，那么柄形器就变成了一个法器。

跪形玉人头戴圆箍形，前连接一筒饰，身穿交领长袍，下缘至足踝，双手抚膝跪坐，腰系宽带，腹前悬长条"蔽"，两肩饰臣字目的动物纹，右腿饰"S"形蛇纹，面庞狭长，宽鼻小口，表情肃穆。

从商代玉人身上，可以看出人类对自身的关注。在玉的童年时期，人类对其他现象关注，比如，对动物、对神等；到了商代玉人出现，表明人类对自身的关注，使艺术上升了一个高度。由于人类对自身的这种关注，使商代玉变成了身份的象征，这一点尤为重要。

妇好墓玉器的大量发现，说明玉器在商代贵族生活中占有十分重要的地位，这也是"玉不离身"的最早例证。

商代仿青铜彝器和俏色雕玉器的出现，开创了玉文化的滥觞，它们均出自安阳殷墟。碧玉簋是妇好的陪葬器物，玉色柔和，造型端庄，雕琢规矩的口沿，简洁之中透出非凡的技艺。微鼓的外腹部装饰着4条对称的扉棱，其间布满云雷纹，显得华丽而富贵。圈足上装饰的凹弦纹，与器身浑然一体。

安阳小屯发现的俏色玉鳖，更让人拍案叫绝。作品灵活生动，色彩丰富，开创了俏色玉雕的先河。聪慧的玉工利用玉料本身固有的天然颜色，巧妙地表现出鳖的肤色和器官。

在浩如烟海的史料中，与商代玉器有关的记载不胜枚举。如三星堆遗址发现的"玉边璋"，遍体满饰图案，生动刻画了原始宗教祭祀场面。

图案上下两幅对称布局，内容相同，最上一幅平行站立3人，头戴平顶冠，戴铃形耳饰，双手在胸前做抱拳状，脚穿翘头靴，两脚外撇站成"一"字形。

第二幅是两座山，山顶内部有一圆圈，可能代表太阳，在圆的两侧分别刻有"云气纹"，两山之间有一盘状物，上有飘动的线条状若火焰。在山形图案的底部又画有一座小山，小山的下部是一方台，可能代表祭祀台，一只大手，仿佛从天而降，伸出拇指按在山腰上。

第三幅是两组"S"形勾连的云雷纹。云雷纹下的一幅也是3个人，穿着和手势与第一幅相同，所不同的是这3个人戴着山形高帽，双脚呈跪拜的姿势。

这些图案反映出古蜀人在祭坛上举着牙璋祭祀天地和大山，而且天神已有反应，伸出拇指按在山腰上，这是要赐福于下界的表示。

史学界把郑州二里岗时期的玉器和安阳殷墟的玉器，作为中原地区商代玉器文化形态的代表。

前者主要有郑州二里岗、郑州商城、郑州铭功路、郑州白家庄、郑州杨庄村、新郑望京楼、许昌大路陈村等地出土的玉器。其种类及数量较少，造型简单，基本没有纹饰，表现出玉器初创的状态。

后者以安阳小屯、安阳武官村、安阳大司空村、安阳高楼庄、安阳郭家庄、辉县琉璃阁、孟州涧溪村、信阳罗山莽张后李等地出土的玉器为代表，其数量及种类很多，造型丰富，纹饰繁缛，工艺精美。

只有殷墟时期的玉器才真正体现出了商代玉雕艺术的风格和魅力，无论从技术和审美的角度，还是从造型设计和纹饰效果上看，都代表了商代制玉业的最高艺术成就，是中华民族早期社会文明发展过程中积淀下来的重要文化成果。

知识点滴

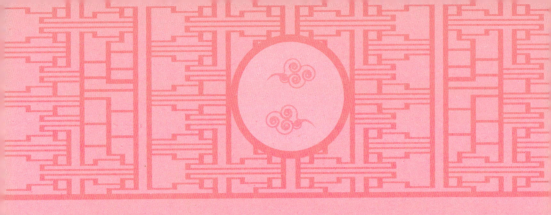

赋予君子德行的西周玉器

　　西周玉器与商代玉器一脉相承，但是数量较商代有明显减少，而其礼器也趋于小型化，偏重玩赏。所以雕琢上采用片状平面体为主，浮雕及阴刻相结合，圆雕和镂雕为辅。纹饰雕刻，由单阴刻线向双钩阴线发展，晚期双钩阴线委婉流畅，图案繁缛。

西周玉器在继承殷商玉器双线勾勒技艺的同时，独创一面坡精线或细阴线镂刻的琢玉技艺，这在鸟形玉刀和兽面纹玉饰上大放异彩。纹饰环曲、华丽，布局严谨，风格独特。

西周时期，玉文化沿着殷商的轨迹发展，在佩饰上出现了新变化。如串饰形式多样，长度加大，贵族玉佩多以璜为主件，杂以珠管，也有以多种形式的玉片配以管珠制成。

西周玉器中玉璜甚多，说明西周时期盛行玉佩。这是因为在西周"君子比德于玉"。《诗经》云："言念君子，温如其玉。"

此时玉文化的沉淀已大大超过玉的自然属性，使玉成为君子的化身，人们赋予玉以德行化、人格化的内涵，将其从神权、玉权的控制下解脱出来。

周王朝统治者吸取了殷商灭亡的教训，重新制定了一套礼仪，这就是《周礼》的出现。古人认为玉有祥瑞辟邪之用，于是在《周礼》中规定了不同的玉有不同的地位和作用，使玉器成为等级的标志，赋予它强烈的政治色彩。

对于祭祀，礼仪用玉也作了规定，《周礼·春官·大宗伯》：

以玉作六瑞，以等邦国。王执镇圭，公执恒圭，侯执信圭，伯执躬圭，子执谷璧，男执蒲璧。

以玉做六器，以礼天地四方，以苍璧礼天，以黄琮礼地，以青圭礼东方，以赤璋礼南方，以白琥礼西方，以玄璜礼北方。

由于古人发现玉的颜色有所不同，就有意识地利用这些颜色。用4种不同颜色的玉器祭祀四方，对后世一直有影响。

如四方神：朱雀、玄武、青龙、白虎。南方朱雀，红色，与赤璋相对；北方玄武，黑色，与玄璜相对；东方青龙，青色，与青圭相对；西方白虎，白色，与白琥相对。《礼记》记载："行，前朱鸟而后玄武，左青龙而右白虎。"

西周专门制作并供王室贵族享用的玉器，已进入自殷商起的第二个高峰的后期，并取得了新的成就，制作出一大批精美佳作。

重要的玉器发现地有陕西省宝鸡市的强国墓地，浚县辛村墓地，平顶山应县墓地，三门峡虢国墓地，山西省曲沃北赵晋侯墓地，北京市房山黄土坡燕国墓地等。

从传世玉器情况看，西周玉器有如下一些基本情况：所用的玉料较前期略讲究质地美，所见大多用新疆产昆仑系玉，少量用辽宁产岫玉。

西周玉器的制

作，除大量用最坚硬的昆仑山玉料所表现、所用工具较前期先进和琢玉技艺大大提高外，在其他方面则与殷商时期的用料及表现技法基本相似。

西周玉器的最大变化，是表现在玉器品种上。新石器时期至商代盛行的实用或不实用的玉制工具，至此时已逐渐消失；仿实战武器而做的玉制仪仗器中，玉刀、玉戚等至少在中原地区已不能见到。

玉戈、玉戚已步入衰亡期的具体表现是不仅数量不多，且器形也向小型化发展，大多从以往数十厘米长减缩至10厘米左右，其用途也变为象征性的，主要作珍宝和财产品收藏。

而礼器中的玉琮，在西周王室所在地有大批发现，玉璧多已趋向小型化，玉璜、玉琥突然增多，玉圭首次在玉器群体中出现，玉璋则仍未见实物。

此时玉制人神器，除少量的整形直立式写实人器外，尚见众多形作蹲地式，通体有若干龙或作某部器官或作佩饰穿戴，呈侧身侧视或个别呈正视状的人龙复合形器。其制奇特，极富时代感。

玉制写实性动物形器，虽数量极可观，但品种较殷商时期为少，即由殷商期的数十种减至十余种，常见有牛、羊、猪、兔、鸟、虎、鹿、龟、蝉、蚕、鱼、螳螂等。

非写实性的神鸟神兽，新石器时期开始出现的凤，经夏商一度中断后，复又出现，且突然多起来。此期的凤形作头顶有棒槌式高冠，呈直立或向前倾弯，鹰钩嘴，圆目，尾从背侧上翘至头顶。

龙的形态也有很大的变化，除一部分保留殷商间瓶形角和双足龙外，还新出现了两龙或多条龙相互交接盘结式和口吐长舌的无足龙。

这些神鸟神兽的突然增多和更加变态神秘，说明当时的人们从早期崇奉自然和写实动物为主转向崇奉神灵为主。

山西省曲沃县的西周著名的晋侯墓一共有19座，都是历代晋侯及夫人的墓，其中发现有大量华丽精美的玉器、青铜礼器等随葬品。

随葬的玉器种类繁多，装饰华美，是西周时期等级最高的玉器。其中发现玉器最多的一个墓，有800件，最有特色的是一匹圆雕的玉马，立体的，呈静态。

西周时期除保留众多的传统玉器品类外，同时还出现了一些新兴的玉器品种，主要的就是成组佩玉器和专供死者埋葬用的玉面罩。如晋侯墓的玉器中最能体现西周用玉敛藏厚葬制度的是玉面罩。

玉面罩是由近似人面部五官形式的若干件玉器按人体面部大小形态缝缀在布料上，形式各不相同，有的是专门而作，有的是

用其他玉器改作或合并而成，
每套中的各件数量不等，各呈
扁平形，边角有穿孔供缝缀
用，使用时凡有饰纹部分皆朝
向死者面部。

而此期的玉佩，一个重大
的变化是突破以往多为单个为
佩的习惯，而向成组并有一定
规格及组佩方向发展。其形式
多由若干件玉璜和甚多不同质色的管珠等成组串缀而成，佩挂在胸前
至腿足，给人一种光彩夺目和富丽堂皇的新鲜感。

成组佩玉，因能发出美的玉声和控制人按一定规律移动的步伐，
故又名叮当、节步和步摇，已发现10余套件，所有者皆王侯贵族。用
途含义，除上述作节步外，尚有表示等级高上、崇德，示"君子"有
"光明正大"的人品及美化服饰行装用等。

西周时亦发现一些以往不多见的玉器，常见的有玉兽面、玉圭、
玉束帛形器等。其中玉圭的新出现尤其引人注意，形作扁平尖首无刃
状，与文献记述中的圭形之说相合。

"太保玉戈" 是西周最著名的有铭玉器，戈长67.4厘米，最宽10
厘米，表面光润，呈灰白色，布有黑色斑点。直援，上刃作弧形，锋
尖偏下，下刃平直，有一处小小的缺损。援本刻有交叉的细线纹，援
中起脊，且做出上下刃援。

尤其是刻于援本一面的27字铭文，使这件戈的身价倍增。铭文字
很小，如粟米一般，作两行：

六月丙寅，王才（在）丰，令（命）太保眚（省）南或（国），帅汉，（出）寝（殷）南，令（命）（濮）侯辟，用鼋，走百人。

根据玉戈的纹饰风格及铸造技术，这应当是周初的作品，铭文中的太保应当是召公无疑。在文献记载中，召公与南国有着特殊的关系。这件器物应当是江汉开发的明证。

我国的读书士人自古就有"修身，齐家，治国，平天下"的抱负，召公是西周时的重臣之一，也作邵公，名奭，是文王的儿子。

西周时"召公为保，周公为师，相成王为左右"，就是说召公是当时的"太保"。而西周时期的"太保"也只有召公一人。

楚文化的勃兴，与江汉地区的开发密不可分。《诗经》"挞彼殷武，奋伐荆楚"，说明武丁时期中原势力已深入江汉。

《史记·周本纪》记载，周文王时"太颠、闳夭、散宜生、鬻

子、辛甲大夫之徒皆往归之"等以及鬻熊事文王、熊绎封楚蛮等故事，在一定程度上表明了商周王朝时期中原的统治势力已延伸到江汉地区。但也有人认为，商周王朝未必能够南及江汉地区，至于熊绎封楚，更是后人伪托。

但是，太保玉戈的发现却有力地驳斥了这一观点。尤其是上述铭文的记载，明确地说明了当时的情形。"命太保省南国"很明显说的是命召公视察周朝的南土。

至于"南土"，《左传·昭公九年》中

也有记载："及武王克商，……巴、濮、楚、邓，吾南土也"，范围包括江汉地区。召公与"南国"有着密切的关系。

相传，"周公及召公取风焉，以为《周南》《召南》"，可见，《诗经》中的《召南》，就是召公取风于南的结果。《诗序》又有记载："《甘棠》，美召伯也。召伯之教明于南国。"充分说明了当时召公在南国一带有丰富的活动，从而也证明了当时中原王朝的势力延伸到了江汉地区。

在雕刻装饰图样的技法上，西周玉器除承袭商代的双线勾勒外，也有独到之处，就是独特的斜刀技法、鸟形玉刻刀、虎佩是其代表作，至于装饰图案由于设计较为工整，致使图案不如商代活泼而有拘束之感。

西周玉器饰纹颇具特色并与前后各期略有所别，共有二式：一式纹饰相对简化，具体表现是在一件玉器上往往以数道阴线表示所需的主要纹图，有"画龙点睛"的特殊美感和效果，所谓简洁典雅者即指此；二式纹饰繁密布局式，其特点是凡要表现人物或像生时，其眉发、羽毛和足爪等，无不形象具体。

西周玉器上饰纹的另一特点，是表示上述简繁两式，粗略一看有如殷商期相似，既有单阴线，亦有双钩两种，但细加审视，其刻纹表现手法有些差别。

如单阴线，多用斜砣琢饰，线条两侧深浅不同且呈坡状，形同斜刀剖刻而成。若为双钩线，其双线粗细不等，细者如商代相似，似用直立刀刻成，两边无深浅之感，而粗者，形如上述单阴线表现法，亦用斜砣琢饰。

西周玉器上的人身或像生器的眼睛，形式与商代特别是殷商时相似，亦惯用"臣"字目，但此时的"臣"字目与目纹的两侧眼角，有一段延长线纹。

此外，西周玉器饰纹，多以龙纹、凤纹或人神纹为主，讲究纹饰的神秘威严，抽象变形和线条流畅等艺术效果。

知识点滴

1900年，八国联军攻打北京，慈禧置国家危难于不顾，带着光绪皇帝等人仓皇逃离北京。到达西安后，暂时安顿下来。岐山有位秀才武敬亭决定上书慈禧太后，请求在岐城西南八里之刘家塬修建召公祠，以保佑华夏子孙。

慈禧痛快地答应了。光绪二十八年，即1902年开始动工，在掘土的过程中，意外地发现了一座墓，当时的百姓一直流传是召公墓，但没有人能准确判断，这时太保玉戈就在这里出土了，当时共有两件玉戈，一件有铭文，另一件没有。"它器甚多，皆不名，又有金冠一枚。"

太保玉戈出土后到了金石家端方手中，后来端方家道中落，太保玉戈的命运也变得扑朔迷离起来。当时很多国宝都通过各种途径流失到了国外。太保玉戈也没能摆脱这个命运，1919年流入国外。

太保玉戈几经辗转，流落到了美国，被华盛顿佛利尔美术馆得到，一直珍藏至今。

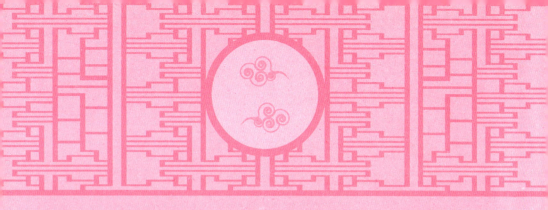

精巧华丽的春秋战国玉器

　　东周又称为春秋战国时期，由于铁制工具的广泛使用，推动了制玉工具及磨制技术的改进，旋转的速度加快，并开始采用硬度更大的金刚砂粉。进步的工具和有效的磨砂，促进了制玉技术的突飞猛进。

　　春秋战国玉礼器相对减少，佩饰大量增加，出现了成套的剑饰、

带钩、人身佩玉，专门的丧葬用玉也较多。

东周墓葬玉器不但数量大，工艺也十分精湛。东周玉器承袭殷商、西周的传统，制玉技术向精巧、华丽的新工艺方向发展。经历春秋时期的过渡，至战国初期，制玉技术有了长足的进步。

春秋时期，以孔子为代表的儒家学派赋予了玉种种道德文化内涵，《礼记》借孔子之言，通过对玉自然属性的深入分析，将其外表和本质特征与儒家道德观紧密结合，总结出"仁、知、义、礼、乐、忠、信、天、地、德、道"十一德，奠定了儒家用玉的理论基础，成为君子为人处世、洁身自爱的标准，标志着玉器人格化的确立。

战国时期，儒家用玉的理论被许多人接受，不仅王公贵族以佩玉为尚，而且出现了普及的倾向，上起王侯，下至庶民，无不以玉为贵，玉器被广泛运用于祭祀、装饰、丧葬等各个领域。

比如，秦惠文王祷祠华山玉简，是秦惠文王因病祭祀华山祈福禳灾的策祝之辞，祭祀仪式分两个部分，前曰祷，后曰祠。玉简共两枚，上有内容相同的长篇铭文，是研究秦国思想、宗教、礼俗的资料。

战争的频繁、地域的分裂，并没有阻碍文化艺术的沟通和融合，在东起齐鲁、西至戎秦、南至荆楚、北到燕赵的辽阔区域内，各地绚烂多彩的玉器雕刻工艺竞相争艳，相辅相成，共同构成丰富多彩的战国玉文化。

战国玉器种类丰富多样，造型优美，纹饰绚丽繁缛，不仅镂雕及连锁技术精湛，而且制玉与金银细工结合，创造出许多精美绝伦的上乘佳作。

著称于世的是湖北省随县擂鼓墩曾侯乙墓中发现的精美玉器，数量多达300余件，主要有璧、玦、环、璜、方镯、带钩、佩、挂饰、玉剑、双面人、管、韘、梳、刚卯、串珠、牛、羊、狗、鸡、鱼、口塞、玉片等佩饰及小件动物形饰物，制作精巧。

曾侯乙墓是曾国君主乙的墓葬，其年代当不晚于公元前473年，是战国早期墓葬，玉璧、玉带钩等玉器碾工精致，展现了战国时期玉雕发展的新面貌。

玉带钩最早见于良渚文化时期。曾侯乙墓玉带钩是战国时期出现的新形式，即长身弧肚，细颈钩头向上，肚下有纽，用于玉革带。

玉带钩中以右侧白玉龙首带钩最为优秀，腹部饰隐起双卷涡纹，而中间的青玉龙首带钩和左侧的青白玉兽首带钩之腹部均无纹饰。

镂空多节玉佩设计巧妙，工艺高超，风格统一，透雕、浮雕、线刻、活环等技术炉火纯青。

玉组佩始见于西周，

到战国时趋于全盛，成为极具特色的玉器品类。多节玉佩正是战国玉佩中环节最多，纹饰最繁的一件，代表了战国早期的典型风格。

据文献，玉佩的组合是有一定规矩的，一般是衡在最上，起提梁作用，上下穿孔，下系3条丝缕，两边系璜，中悬冲牙，还要杂以玛瑙、松石等制成小饰件，加以串联，形成组佩。

但从多节玉佩的组成来看，似乎没有依据什么严格程式，也与其他同期的组佩不同，这就为探讨战国的佩饰制度，提供了宝贵的实物参照。

关于此件玉组佩的佩带方式，还有一点分歧：一种意见认为是身上的佩件，另一种意见认为是冠上的坠饰。

镂空多节玉佩由5块玉料分别琢制而成，共26节，分为5组，由3个带金属销钉的镂空椭圆玉活环及一根玉销钉连缀，可拆可合。每组内各玉片之间则经以玉套环相连。

各部分均以镂空、浮雕及线刻手法，饰龙蛇、凤鸟纹，并以蚕纹、弦纹、云纹、绳纹等作为辅助纹饰。其繁复的纹饰，还带有明显的春秋时期玉器装饰的风格。

这件玉组佩玉质晶莹润泽，设计匠心独运，装饰玲珑剔透，隐隐流露出战国时代生机勃勃、浪漫自由的审美情趣，是一件在前代绝无仅有，在后世也不多见的稀世珍宝。此佩可根据需要拆成5件各成一器，折叠保存，甚为方便，也可再加长数节。这种将零件组成一器的做法似乎也始于此期，可称小玉大作。

曾侯乙墓中还有一件精美的龙凤纹玉饰，全器由5块玉料分雕成16节，再以3个椭圆形活环及1根玉销钉连接。每节均是透雕龙、凤或璧、环。

全器采用了透雕、浮雕、阴刻等技法雕成37条龙、7只凤和10条蛇，并饰谷纹、云纹、斜线纹。这件玉饰置于墓主头部，可能为冠上的玉缨帽带。

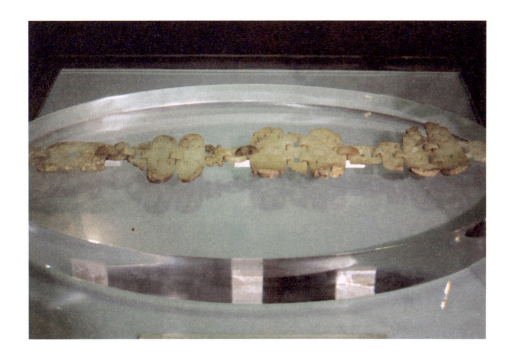

其特色之表现主要有：第二节玉璧上的云纹，是采用压地手法，璧的四周攀附4龙，这种形制是到战国晚期才广为采用的；第十一节雕成3条蟠龙相连的玉佩状，龙身为"S"形，是春秋后期在中原开始流行的玉佩造型，16节玉饰却巧妙地把它们用在一条大龙身上；第十二、十三节的玉饰，分别由双首相向和双首相背的蟠龙构成，每条龙身上各刻有一条龙；第十五节玉饰的两端，分别刻有立凤和凤鸟衔蛇图案，这种图案是南方楚艺术品中常见的题材，在漆器等绘画品中屡有发现。

河南省洛阳汉魏古城东北角金村东周古墓主要年代为公元前404年至公元前267年，发现有玉器67件、嵌玉金铜带钩8件、嵌玻璃珠玉瑗背铜镜1件。

重要的有玉耳杯、玉桃式杯、金龙凤饰玉卮、双舞女玉佩、玉双龙璜、玉龙珩、玉琥、玉梳、玉双夔龙凤佩、玉夔龙佩、玉镂空龙虎饰卧蚕纹璧、玉卧蚕纹璧、玉带钩、玉鸟等。

其中一件玉鸟和一对玉夔龙佩，具有春秋玉器的风格，其余均属战国风格。

玉耳杯的形制琢工大同小异，双耳镂空，外壁琢阴线勾连云纹，隐起卧蚕纹，耳下饰兽面纹，椭圆圈足底施阴线变形双鸟纹，为名匠所制。玉桃形杯以桃尖做錾，圆形台足，别致秀丽，与同墓群发现的银柄杯相似，全国其他地方未见与其重复者。

金龙凤饰玉卮，三蹄足，外壁琢阴线勾连云纹，隐起谷纹图案，一边有錾，对面有活环，盖口镶金并突起三凤和隐起龙纹，顶安一素桥纽，其外环绕一圈阴线勾云纹，极为少见。

玉耳杯、玉桃形杯、金龙凤饰玉卮做工精湛，风格一致，似出自一人之手。

两件玉琥也很别致，虎作低首张口状，背饰卧蚕纹，腹饰阴线云纹，二足长尾，背穿小圆孔，也是精工之作。

双舞女玉佩的两个舞女着长袍束腰，并肩起舞，双袖飘扬，舞姿婀娜，琢工亦精。镂空龙虎饰卧蚕纹璧，已断成两块，边有残缺，但其做工之精不亚于玉耳杯，还有几件玉龙佩，目瞪齿利，锐气逼人。这些玉器代表了东周王室玉器的高水平。

山西省侯马晋国遗址发现了大量盟誓辞文玉石片，称为"侯马盟书"，又称"载书"，盟书笔锋清丽，为毛笔所写，多为朱书，少为墨书。其书法犀利简率，提按有致，舒展而有韵律。

它见证了春秋末期晋国

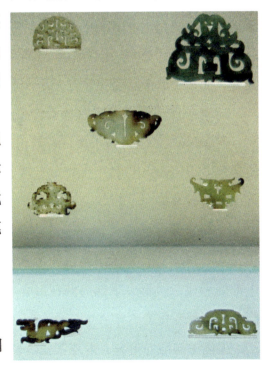

赵鞅参与晋国内部由六卿内争至四卿并立的一场政治斗争，正是这场斗争，拉开了作为标志战国时代开端的"三家分晋"这一重大事件的序幕。

我国古代有杀牲取血、血写誓词之说。侯马盟书文字却是用红色矿物质颜料写成的。这是血书盟辞习俗的延续与改进，既保持了盟书的内涵，又突出了北方文化的特色。

战国玉器已逐渐摆脱商用玉器的图案艺术风格，向写实方向发展。比如，曲阜鲁故城发现的玉马，各部位刻画细微，形象生动逼真。

还有一件战国孤品，称为玉勾云纹灯，高12.8厘米，盘径10.2厘米，足径5.9厘米。灯白玉质，有赭色沁。灯盘中心凸雕一五瓣团花为灯芯座。盘外壁和灯柱上部饰勾云纹，内壁及灯柱下部饰勾连云纹，底座饰柿蒂纹。

玉勾云纹灯的座、柱、盘分别由3块玉雕成，嵌粘密实，纹饰精美，富有层次感，显示出精湛的雕刻技术。造型设计独具匠心，灯柱上部处理成三棱形，下部为圆柱形并收腰，于简单流畅的造型中又显露出丰富的变化。

战国玉镂雕龙形佩，发现于安徽长丰县杨公乡的战国墓，长21.4厘米，宽10.9厘米，厚0.9厘米。玉料呈青色，有深浅不同的灰白和褐色沁斑。佩体片状，龙形，两面镂雕相同纹饰。龙张口回首，龙身满饰谷纹，尾上雕一大鸟，龙头内外侧及尾部又各凸雕一小鸟，于龙身中部有一圆形钻孔。

同此形制的玉佩，该墓共发现两件，分别置于人体盆骨的左右，显然是主人佩戴的成组玉佩。

另一件玉镂雕双龙首佩为成组玉佩中部的中心玉件，长13.5厘米，高7厘米，厚0.3厘米。佩青玉制，有色变沁斑，薄片状，整体呈"弓"字形。

佩以中线为对称轴，对接双龙，两端雕龙回首仰视，唇吻部位卷曲夸张。龙身短而宽，饰凸起的谷纹，谷纹以短阴线勾连。佩中部廓外上、下镂雕云纹，上部及两下角都有镂雕的孔洞，可穿绳。这类带有前肢的半身龙玉佩在战国玉佩中非常罕见。

还有战国玉扭丝纹瑗，直径8.3厘米，厚0.3厘米。瑗呈内、外双重环状，环面饰扭丝状纹饰，两环相连之6处，其中3处饰横向的扭丝纹。两环间有细长的透孔相隔，共6处，其中3条透孔中部开圆形小孔，应为穿绳悬挂所备。

谷纹璧是战国时期常见的玉器。有一件玉镂雕螭龙合璧，直径11厘米，

为新疆和田青白玉制，局部有色变，圆形，内、外边沿略平。璧两面皆饰凸起的谷纹，作交错的斜线排列，谷粒呈旋状。璧孔内镂雕一螭龙。

此件玉璧较一般的战国谷纹璧更为精致，谷粒圆旋高耸，其精致整齐超乎一般。所雕螭龙细颈粗身，肌肉微隆，挺胸似直立，尾自身后上冲贴于颈，形似猛兽，表现出蓄势待发之状。

商、周以来，对于凶猛动物的表现多集中于头部，而对体形的表现则有所不足。这件战国璧之螭龙身体态势的刻画极为生动，在造型艺术表现上是一重大进步。作品自中部对半剖开，成一对合璧，从剖口看，并非原设计，应是重大事件发生时临时所致。

战国玉镂雕双凤式璜，发现于安徽省长丰县柳公乡2号墓，长13.7厘米，高6.2厘米，厚0.3厘米。璜玉色暗青，表面有沁斑，并有较亮的玻璃光泽。器呈扇面形，较薄，边缘呈凹凸齿状。

该璜两面形式和雕纹相同，表面铺饰谷纹，谷粒呈菱面状，微凸起，谷纹间又有6处卷云纹，其形与凤尾相似。璜顶部镂雕一对相背的凤，细身长尾，尾端粗而回卷，与凤首相对，凤身局部有较多的镂孔，可穿绳系挂。

战国时期，璜是玉组佩的重要组件，用作佩玉的璜一般都制造精致，除表面花纹外，很多玉璜还特加装饰。这件玉璜表面的

云纹及顶部的双凤饰纹在
战国玉璜中是少见的。

　　精巧的战国玉云纹剑
首，外径5.3厘米，厚0.7
厘米。玉质青白色，呈薄
片状，中心有圆孔，一面
花纹较复杂，环孔有一周
6瓣柿蒂纹，其外又有两
周阴线勾云纹。另一面以
双阴线分为内外两区，内

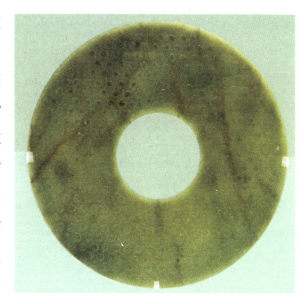

区素而无纹，有3个隧孔，外区饰"丁"形勾云纹。

　　玉剑首中以圆形剑首最为常见，但像这种两面饰花纹的作品并不
多见。剑的配饰还有杨公乡战国墓的玉谷纹璏，关于古代玉剑饰的各
部位名称，文献记述有所不同，反映出时代、地区间的称谓差别。

　　宋以来的古代图册中，多把此类饰于剑鞘侧面的玉件标注为
"璏"。所见这类玉饰主要为长短两种，其花纹、形制多有变化。

　　这件谷纹璏长6.5厘米，宽2.3厘米，高1.4厘米。此璏由典型的青玉
料制成，这种玉料在除璧以外的战国玉器中很少出现。

　　作品呈长方形，片状，两端向下卷，表面饰凸起的谷纹，每3个谷
粒为一组，以阴线相连。

　　战国玉剑饰还有云纹珌，高6.3厘米，宽5.95厘米，厚2.25厘米。玉
料为青白色，表面有较重的赭色斑，其色非玉料本身所带。器呈上宽
下窄的梯形，两侧内凹，中部向两面凸起，表面饰阴线勾云纹，勾云
纹中又有细阴线环形图及双短线。

　　剑珌是剑鞘底端的饰物，所处位置很低，不能再饰长穗，在它的底面有细阴线花纹，应是后人所刻，又有相通的双孔，穿有绳结、长穗，可能是后世作为人身挂件或器物挂坠使用。

　　剑饰中很重要的部分还有剑格，亦称护手，指剑身与剑柄之间作为护手的部分，在古代又称剑镗，如一件战国玉兽面纹剑格，高2.2厘米，宽5.5厘米，厚1.7厘米。为新疆和田玉质，青白色，截面为菱形，两端薄，中间厚，两面均饰兽面纹。

　　兽面为粗眉、凸眼，鼻以下不明显，兽面两侧饰勾云纹，中部有通孔，用以置剑柄。全器边棱锋利，光亮度强。

　　战国玉螭凤云纹璧，宽14.2厘米，璧径11.5厘米。此璧为新疆和田白玉制。璧两面各饰勾云纹6周，勾云略凸起，其上再刻阴线成形。璧孔内雕一螭龙，兽身，独角，身侧似有翼，尾长并饰绳纹。璧两侧各雕一凤，长身，头顶出长翎，身下长尾卷垂。

　　此玉璧不仅螭龙、凤鸟造型生动，璧表面的纹饰也不同于一般作品，没有采用常见的谷纹、蒲纹、乳丁纹，而是采用了勾云纹，使其与螭龙、凤鸟的搭配更为和谐，且加工精致。

杨公乡战国墓中另有一件玉兽面谷纹璧，璧径16.5厘米，孔径4.8厘米，厚0.3厘米。璧玉料呈绿色，因埋藏产生褐色沁。璧较大，略薄，两面饰纹相同。

璧外缘和近孔边缘以单阴线为界，中部以两周阴线隔为内、外两区。内区饰谷纹，谷纹微凸起，呈旋状，其上又加阴线旋纹。

外区一周饰3组双身兽面纹，兽面较宽，朝向内孔，兽面两侧有伸出的肢体，细而长，似蛇身，交叉盘绕，兽面及兽身的局部以粗而浅的阴线界出。

再如，杨公乡的战国晚期玉龙首璜，长17.4厘米，高6厘米，厚0.3厘米。璜玉料暗青色，局部有因埋藏侵蚀而产生的色变，片状，弧形，约为三分之一圆周。

璜两端雕侧面的龙首图案，其形似兽，耳贴于颈部，上唇厚大，下唇尖细，嘴部镂空且刻有齿纹。璜身饰凸起的谷纹，谷粒间以细阴线勾连。璜的上部中间有一小孔，供穿绳系挂。

龙首玉璜在商代已出现，一般为单龙首，璜体似龙身。西周时期出现了双龙首璜，璜身多饰以弧线勾连而成的龙身。战国时期的龙形

佩较多，其中一些制成了璜形。

这类龙首璜的璜身完全没有龙的含义，所表达的内容较龙形璜更为宽泛。此璜为战国时期龙首璜中较大的作品，两端的龙嘴可悬挂其他佩件，因而应是成组玉佩中位于上部的玉件。

从工艺上讲，同一件玉器普遍采用阴刻、浅浮雕、接榫等多种手法进行琢磨。那细润的质地、充满活力的线条，无不令人叹为观止。

知识点滴

　　战国时期是人们思想观念大改变的时期。伴随着尊神敬天思想的动摇和夏商以来青铜礼器的盛行，玉器制作以神为本的思想此时发生了改变，玉器在礼器中无与伦比的地位受到很大的冲击，多作为信物用于盟誓、朝觐、婚聘、殓葬等，其庄严肃穆之感日减，装饰艺术韵味增多。

　　不过，用玉器祭祀天地鬼神的思想已经根深蒂固，这种独有的功能并没有完全消失，后世仍有继承。

　　铁制工具的大量使用，促进了玉雕工具和碾玉技术的飞跃发展。玉雕工艺一改几千年来的单纯简练和一味追求形似的古朴作风，转而以精雕细琢的工艺、生动传神的造型为特点，突破了春秋时期以装饰玉、葬玉等小件器物为主的特征，制作出大型的玉璜、出廓璧、龙形佩、带钩等。

秦汉隋唐玉文化

秦汉以后，社会经济不断加速推进，不断开创着新的玉器文化的繁荣，自此，我国玉器文化的体制和容貌固定下来。

我国的玉器自诞生以后，就不再是单纯的文化现象而首先表现为一种政治现象，这种现象持续到后世的隋唐时期甚至更晚。

隋唐时期国家强盛，经济发达。此时东西方有着政治、经济、文化方面的交流，外来文化进入我国，带来了许多新鲜的事物和观念。这也反映在玉文化的发展上。

秦代简单质朴的玉器珍品

秦帝国是我国历史上一个极为重要的朝代，由战国时代后期的秦国发展起来的统一大国，它结束了自春秋起500年来分裂割据的局面，成为我国历史上第一个统一的、多民族的、中央集权制国家。而我国历史上第一个朝代的玉器文化也颇有自己的特点。

首先是秦朝的祭祀。以玉事天地、诸神、先祖是玉最原始的作用，东周时代礼乐废弛，新兴阶级不断打破旧有秩序，经济与思想文化的发展也使原始神话遭到理性的排斥，所谓"子不语怪力乱神"。

祭祀都要用不同等级、数量的牺牲和玉器，所谓"牲牛犊牢具圭币各异"。《封禅书》对雍四畤的祭品记述甚详：

春夏用骍，秋冬用駠。畤驹四匹，木禺龙栾车一驷，木禺车马一驷，各如其帝色。

其次是玉石的佩带，以玉为佩的习俗由来已久，由于对玉的种种道德比赋，使佩玉成为"君子"不可或缺之物，所谓"君子无故玉不去身"是对这种佩玉之风的总结。

从记载来看，佩玉的人群很广泛，不但有"君子"，还有妇女，如《诗·郑风·有女同车》中说：

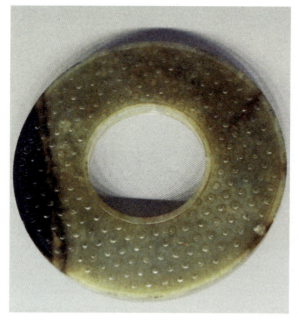

有女同车，
颜如舜华，
将翱将翔，
佩玉琼琚。

另外，以玉器作为礼尚往来的赠品在当时也非常流行，史籍与文学作品的有关记述表明，玉器不仅可以用于诸侯之间的交往、贵族间的婚聘、亲戚之间的礼赠，而且王侯将相常以之收买谋臣死士，说客也以之贿赂政要，打通关节。甚至恋人赠玉以传情，夫妻间亦以赠玉示恩爱。秦遗物中亦见一些古玉，有三类，即玉人、玉礼器和玉器皿。

秦朝玉器纹饰上的表现为一般所见的蟠螭纹，称为秦式龙纹，纤细的阴刻线条紧密勾连，没有层次，龙的头、羽、翼区分不明显。

秦朝玉器在器型上，一般墓葬的组合大多为璧、圭、玦、璜和串饰等简单的品类。同时，秦代偏好深色的青玉，应与秦人尚黑的习俗有关，依照传统五行之说，北方属水，代表色为玄，即黑色，色泽青黑的青玉正代表水的颜色，也契合了秦人尚黑的传统。

秦代墓葬中，如陕西省凤翔秦公一号大墓、宝鸡益门村二号墓的玉器遗物并不多，在器型、雕工、纹饰上较简单质朴，反映出秦代玉器工艺发展的不足。

而当时关东则相反，整体文化是尚礼的、内倾的，但却强调人性，精美的佩玉无疑是个人品格的标榜与个性之张扬，所以才会有艺术上百花齐放和思想领域的百家争鸣。

和氏璧称得上是我国历史上最有传奇色彩的玉器，那么秦赵和氏璧之争也可看作是两种玉文化的激烈冲突。

卞和冒着生命危险所要保守的是对真玉的忠贞，各国对和氏璧的珍视主要是因为其上凝结的忠信仁义种种道德意义。

秦昭王闻赵国得和氏璧，派人致书赵惠文王愿以15城易璧，赵国蔺相如的第一个反应是："秦以城求璧而赵不许，曲在赵。赵予璧而秦不予城，曲在秦。均之二策，宁许以负秦曲。"

又责问秦王："臣以为布衣之交尚不相欺，况大国乎！"是典型的尚礼义的关东思维方式。

在秦国方面，一开始就是打算以"空言求璧"的，秦王拿到璧之后"传以示美人及左右"，意甚轻慢，不过将之作为一件稀罕物罢

了，远没有对这一玉文化精髓重器的应有尊重，所以面对蔺相如"秦自缪公以来二十余君，未尝有坚明约束也"的指责也无言以对。

后来秦王眼见得璧无望，倒也想得开，厚礼送相如，并说："赵王岂以一璧之故欺秦邪。"他不理解对于关东诸国来说，像和氏璧这样的玉宝重器，是国家权力的象征，"守金玉之重"为人主之责，以之换土地倒也罢了，要是被骗去则大丢面子，是君辱臣死的严重事件，岂止"一璧之故"这样简单。

和氏璧最后还是落在了强秦手里，公元前237年，李斯在上《谏逐客书》中提到："今陛下致昆山之玉，有随、和之宝。""随、和之宝"，即指"随侯之珠"与"和氏之璧"两件当时著名的宝物。很有可能，赵国是在不得已的情况下，畏惧秦国的强大，将和氏璧送给了秦国。

秦始皇剖璧制"传国玉玺"，一代名器就此而毁。就结果而言秦人胜利了，但"完璧归赵"的故事传颂千古。

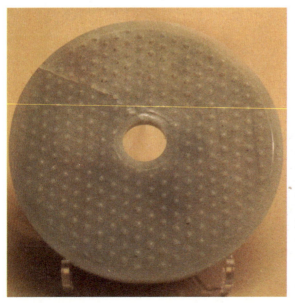

传说中起始于秦代的传国玉玺，上有八字铭文："受命于天，既寿永昌。"

秦朝是我国第一个封建制度统一国家，但仅存在了十几年就灭亡了，流传下来的具有明确纪年的遗物很少。从零星发现的玉器来看，与战国精细做工的玉器区别不大，还未

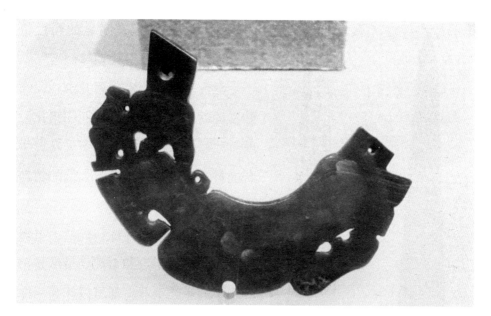

见代表性之作品。

但是，从战国时期人们对器物的颜色就已经很重视。以黄金包镶白玉以求艳丽斑斓的色彩美，在秦代逐渐流行，又在陶、铜等材质器物上涂漆饰纹，作为财富和地位的象征。

秦代又承上启下，在玉器上始创彩绘描画作纹装饰，给人们带来了视觉上的新冲击。漆绘玉器在古玉中是一个新品类，虽然历史暂短，还未来得及在社会上形成规模，就随着秦王朝的灭亡而终止，但它却同秦俑一样，在玉器艺术文化方面，也是众多奇迹和辉煌之一。

秦代玉器与其他玉器相比较，多大气磅礴、霸气十足。这与秦朝的精神和气质有关，战争与征服，好大喜功，造就了如此独特的秦玉文化，这一点同样反映在彩绘玉器上。

如秦玉璧和鹅形壶上的彩绘人物、动物的画饰风格是汉画像石的前身，汉画像石在在保留继承秦代的绘画艺术风格的基础上又创造出了自己独特的技法。这些秦玉器上存留的彩色图案色泽艳丽，像新的

一样，这些图案带有明显的秦代特征，很有可能属于秦代遗珍。

秦代玉器彩绘多采用龙纹、凤纹和各种动植物纹样，把它们图案化，既有浓厚的装饰趣味，又不失鸟兽活跃的特点，以及植物带给人们的勃勃生气。

由于艺术手法简练和概括，更加突出了各自的特点和个性。虽然是一件小小的彩绘玉器，却可以作为一件大型的优秀绘画艺术作品来欣赏。

秦代的绘画少有留到今天，彩绘玉器正是所谓"地不爱宝"的一种偶然。同时，反映出在玉器雕塑、彩绘艺术上的成就非常惊人。

知识点滴

秦代动植物纹饰的表现手法，在玉器上有浮雕、圆雕、彩绘。浮雕在战国、秦代最盛行，采取现实主义手法，取材于现实生活，以狩猎中常见的动物为主要描写对象，它反映了在秦人的经济生活中狩猎占有重要地位，以及皇家贵族的狩猎风俗。

秦代玉器圆雕动物种类繁多，主要有虎、鹿、兔、鱼、牛、马、犬、羊、鸟、鸽、蛇等；其中有些动物只是头部或身体的局部，或是完整的雕刻。

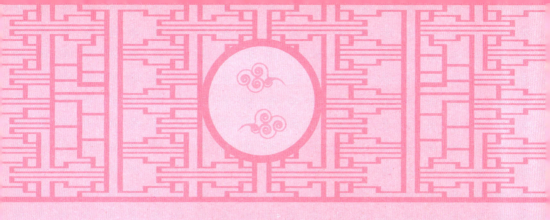

彰显王者之风的汉代玉器

汉代是我国大一统的封建盛世，强大的国力促使手工业生产亦相当繁盛，玉器在当时攀上了古代玉器发展前期的最高水平。

公元前206年，秦王子婴在咸阳亲率臣下向沛公刘邦献玉玺、兵符并伏地称臣。至此，我国历史上第一个封建王朝秦，就如昙花一现般宣告了它的灭亡。

公元前202年，经过了历时5年的楚汉战争，刘邦最终击败了西楚霸王项羽登上帝位，史称汉高祖。

西汉王朝建立以后，我国文化的体制和容貌基本上固定了下来。我国的玉器自它诞生以后，就不再是单纯的文化现象，而首先表现为一种政治现象。

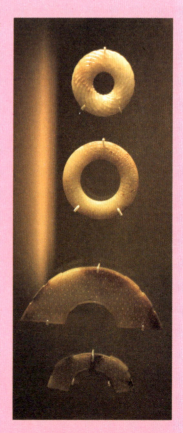

汉代的社会政治文化主要表现为三大特征：一是汉承秦制；二是汉继楚绪；三是独尊儒术。

汉武帝刘彻即位以后，进一步强化专制主义的中央集权制度。儒家学术恰好符合了汉王朝之需要。

汉代政治文化的这三大特征，对汉代玉器的发展有着非常重大的影响。汉承玉器上的表现，是仍然保留着一份"周礼"的用玉思想和礼仪制度。

尽管当时周礼的用玉制度历经春秋战国争鸣的大潮已呈"礼崩"之势，但作为在政治、经济上继承秦代制度的汉王朝，仍然继承着一部分传统礼制和以玉示礼的宫廷习俗。不过这种继承已不是全部照搬，而是顺应汉代的政治背景并有了进一步的改进，最突出的莫过于六器的改变。

到西汉时"周礼"六器还仅存三器，玉璧的用途仍然较多，圭的数量有所减少，琮已经很少见到。

在西汉之初，就产生了汉皇后之玺，又称"吕后之玺"，其主人就是我国历史上第一位垂帘听政的皇后吕雉。

吕后是汉高祖刘邦之妻，名雉，从小就美丽聪慧，以果断和狠毒著称。刘邦战胜项羽建立汉朝后，封吕雉为皇后，史称"吕后"。

汉初，刘邦宠信戚姬，有废掉吕后另立新后的想法，吕后为了保住其皇后宝座，将皇后宝玺掌握手中，想了种种计策。她设计用竹剑刺杀了韩信之后，地位更加不可动摇。吕后前后掌权16年。吕后当时用来发布命令的，就是一块皇后之玺。

我国历代皇帝、皇后都拥有自己的玉玺，可是，真正留传下来的并不多，皇后之玺是两汉时期等级最高且唯一的帝后玉玺。

从外形和做工上看，这枚皇后之玺远远超过发现的其他汉代玉玺，皇后之玺为正方形，2.8厘米见方，通高2厘米，重33克，以新疆和田羊脂白玉雕成。玉色纯净无瑕，玉质坚硬致密，无任何受沁现象。

在我国传统文化中，玉被古人推崇备至，正所谓"金石有价，玉无价。"而和田白玉更是玉中的极品。

皇后之玺的玺钮为高浮雕的匍匐螭虎形，螭代表着真龙天子；虎为百兽之长，"取其威猛以执状"。螭虎形象凶猛，体态矫健，四肢有力，双目圆睁，隆鼻方唇，张口露齿，双耳后耸，尾部藏于云纹之中，背部阴刻出一条较粗的随体摆动的曲线，6颗上齿也以阴线雕琢。

螭虎腹下钻以透孔，以便穿绶系带。玺台四侧面呈平齐的长方形，并琢出长方形阴线框，其内雕琢出4个互相颠倒并勾连的卷云纹，每个云纹均以双阴竖线与边框相连。阴线槽内残留有部分朱砂。

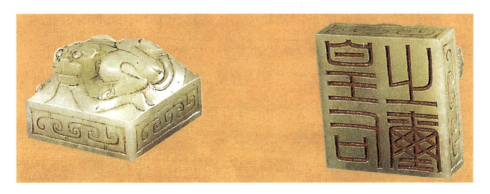

玺面阴刻篆书"皇后之玺"4字，字体结构严谨大方，笔画粗细均匀，深度一致。

此枚玉玺玉质之精美，螭虎造型之生动，玺文字体之规整大气，雕琢技法之娴熟，都是罕见的。

汉代的玉器主要分为5类：

一是礼玉类，有玉璧、玉圭、玉珍，也偶见玉环、玉瑶、玉琮之类，但已不作为礼器使用。

二是丧葬玉类，有玉相、玉衣、玉覆面、玉玲、玉握及九窍塞。这里所说的丧葬玉器专指殓尸用玉器，其他所有随葬玉器不在其中。

三是装饰玉类，由于儒家学术走向正统地位，玉德思想盛行，极大地促进了装饰用玉的发展。

四是玉器艺术品类，以动物造型的玉器为主，有著名的玉奔马、玉舞人，还有玉熊、玉鸟、玉兽、玉蛙、玉狮、玉龙、玉虎等。

五是玉器实用品类，其中有饮食类的玉容器，说明汉代玉器开始踏上生活化、世俗化的道路，再一次开拓了我国玉雕艺术的春天。

汉代玉器的材质主要是软玉。汉武帝时，张骞出使西域，开通了闻名遐迩的"丝绸之路"，新疆和田美玉沿着"丝绸之路"源源不断进入中原，使玉器制作业得到极大的物质保证，开创了和田玉主导后代玉器材质的历史潮流。

玉雕动物在汉代很常见。汉代玉器写实，一反平面雕刻，代之以立体圆雕，雕琢手法突出的是"汉八刀"和双沟碾法，又称"游丝毛雕"。"汉八刀"反映了汉代玉雕的简洁明快。

辟邪是传说中的神兽，汉代始流行于我国，古代帝王陵寝前常有大型石刻辟邪守护，汉代玉器也出现了辟邪形象。

如陕西省宝鸡市发现的东汉青玉辟邪，长13.2厘米，宽4.8厘米，高8.6厘米。玉料青褐色，圆雕异兽，卧状，圆目，张口，头顶有角，身有翼，长尾。

异兽举首怒吼，挺胸突臀，两翼内合，前足直伸，后足直立，威武凶猛，似有拔天撼地、驱邪逐魅之气概，将大汉帝国气宇轩昂的一代精神表露无遗。

还有汉代的玉仙人奔马，由白如凝脂的和田玉精心打造而成，它昂首张口，竖耳挺胸，飞翼扬鬃，四蹄高抬，踏云乘风遨游于太空之

中，马背上骑一戴巾生翅的仙人，手持灵芝，似正欲追寻极乐的天国仙界，充满奇幻迷离的浪漫气息。

汉代曾从西域大宛获得汗血马，据说日行千里，号称天马，而两汉羽化登仙观念弥漫，仙人骑天马正是当时历史背景的如实写照。

汉继楚绪对玉器的影响，主要表现在汉代这种怪题材玉器的创作和流行，以及辟邪玉器的出现，丧葬玉器更是达到了登峰造极的境界。

楚人笃信神仙，偏好巫术。其实鬼神思想起源于远古时代，在北方大地盛行，只是时至周末已有所衰微，经春秋战国之后，渐为先秦理性思想所替代。

然而，历史却又偏偏将大量神秘的远古传统礼俗神话留置于楚山楚水、包藏于楚乡楚俗之中。例如，《天问》《离骚》之中，就蕴藏着大量古代的神话，可以反映当年楚人的迷信程度。

汉朝统一以后，原楚文化中的鬼神迷信曾充斥于汉代的文艺创作之中。汉代文艺创作又借助于政治统一和经济繁荣的强大动力，推动着好巫信鬼习俗的广泛蔓延。这突出反映在各种随葬用玉和金缕玉衣上。

刘汉天下的鼎盛造就了我国玉器史上继红山、良渚、殷商盛世和春秋时代四大高峰之后又一个黄金时代，根据《汉书》《后汉书》记载，当时朝廷规定皇帝用金缕玉衣，诸侯、贵人、公主用银缕玉衣，大贵人、长公主用铜缕玉衣。

汉代诸王侯墓发现的玉器集中反映了类别齐全、技艺精湛、分布面广且属国家礼制这些特点，应是汉玉风貌的总代表。

这些王侯大墓没有一个不是极尽奢侈之能，其基本结构或是高台深坑，或是崖洞横穴，前厅后室，左右府库，犹如人间宅邸。

在汉代所有随葬玉器当中最具有典型意义的莫过于玉衣，充分反映出汉代宫廷和一般社会观念中，玉器仍然有着极其崇高的位置，这种玉器对汉代政治背景和意识形态可以作出很好的映照。

玉衣初兴于东周，盛行于两汉，终结于魏初。最著名、影响最大的金缕玉衣是河北满城中山靖王刘胜、窦绾夫妇墓中发现的两套。它的用材选料、造型技巧、琢磨工艺及总体规格属我国历代帝王丧葬礼仪之中空前绝后之作。

刘胜的玉衣形体肥大，全长1.88米，用1100多克金丝连缀起2498片大小不等的玉片，由上百个工匠花了两年多的时间完成。玉片有绿

色、灰白色、淡黄褐色等。用金丝将玉片编缀成人形，头部由头罩、脸盖组成，上身由前后衣片、左右袖筒及左右手套组成，下身由左右裤筒及左右足套组成，皆能分开。

玉衣内头部有玉眼盖、鼻塞、耳瑱、口琀，下腹部有生殖器罩盒和肛门塞。周缘以红色织物锁边，裤筒处裹以铁条锁边，使其加固成型，脸盖上刻画眼、鼻、嘴形，胸背部宽阔，似人之体形。

玉衣是汉代只有皇帝和高级贵族的殓服，而且按等级分为金缕、银缕、铜缕三等，规定只有皇帝的玉衣才用金缕，而中山靖王刘胜是诸侯王，竟然也使用了金缕玉衣。

窦绾的玉衣全长1.72米，由2160片玉片和700克金丝组成。这件玉衣的头部内也有用玉制成的眼盖、耳瑱、鼻塞和口琀。

玉衣之作最引人注目之处在于其浩大的工艺价值和所谓的防腐不朽。汉代的用玉理论在玉璧的使用方式之中得到了更充足的证明。

在汉代所有的随葬玉器当中，玉璧的作用显得非常突出，它的用量最多，含义也最复杂，在古代礼仪之中的悠久历史和包含的宗教内涵都是玉衣所难以企及的。而且，金缕玉衣也并没能使它们包裹之中的尸体避免腐朽。

汉代玉器是我国玉文化史上的王玉时代，是皇室专用，赏玩佩戴主流群体是上层统治阶级，首先所体现的是王者之气韵，王者之气是威严，唯我独尊的霸气；御风乘龙，遨游天际的超凡能力。

真正奠定汉代王者之风的玉器在我国玉器发展历史中地位的，是汉代玉器中最为常见的龙、凤题材作品。在汉代早期玉器作品中龙凤造型已达到了传神的境界。

而龙凤造型从整体构思上打破原有的呆板、程式化的构造模式，更多地寻求生动变化的构图设计，不拘泥于表面的对称平衡，而追求的是一种内在的呼应。

汉代龙凤玉器造型上，经常看到有一龙仰天长吟，一凤回首相和；或一大螭龙穿云而出，一小螭龙环绕凝视。这样的构成，区别于原有传统造型中左右几乎为镜像的那种静止的对称。也就是我国古人称谓的"象外之象"的意境，从而达到更高境界的一种平衡。

同时，龙凤躯体塑造多呈"S"形弯曲。"S"形是极富美学含义的造型，躯体粗细有变化，生动错落有序，转弯处流畅而无丝毫阻塞感，圆中有方，并有张力和弹性的感觉。

比起前期的古代玉器来，汉代的玉器躯体上少了很多的装饰纹样，更加简洁、洗练，摒弃了战国玉器中龙的躯体多以卧蚕纹、网纹为主要装饰风格的样式。

龙躯边缘用弧面来塑造，突出躯体的立体感、肌肉感，用游丝毛雕线来装饰躯体，强调关节转折的力度和动感。局部点缀的流云纹或卷云纹，既避免留白不足，又衬托出龙翱翔云际的主题。

在龙的四肢表现上，汉代玉工都是经过精心设计推敲的。无论是腾起飞跃还是阔步前行，四肢的配合都很巧妙，总是一侧肢体开始发力，另侧的肢体便开始蓄积力量，总有前力还未用完、后力已蓄势而动的感觉。

同时还可以观察到，或前张后弛，或左松右紧，紧绷和放松的肢体交替与敏感的躯干相结合，这是在中外艺术史上优秀的作品中都广泛运用的一种表现形式，称为"对偶倒列"，其效果给人以生动有力的感觉，表现出无穷的潜力。

龙凤玉器的细部刻画上，眼珠凸起明显并有夸张感。上眼睑凸起，往上平缓过渡，眼皮与眼睛接合部边缘陡立，增添几分威严感；下眼睑短且围绕在眼球下半圈，并且也凸起，向

下平缓过渡。

这种雕琢手法使眼部的高低落差明显，轮廓线明显，增强立体效果。看上去自然有一种眼神凌厉、不怒自威的感觉。透过表象的塑造，蕴含的是一种威仪不可轻的意味。

而且，龙凤玉器都嘴形大张，龙的牙齿与嘴的接合部用圆弧线勾勒，齿尖弯曲锐利。这种雕琢手法还同样运用在龙、凤的指爪部位。指端粒粒饱满，充满力量，指尖内弯，尖锐如钩。

关节转折部位雕琢同样如此，强化了线形表现的立体感，同时线本身圆中有方，用直砣线一点一点地接转过来，显得更为硬朗，虽然有砣线接转的毛糙感，却更好地凸显出力度来。

比如，有件汉代玉环，分内外环，内环中间一游龙为"S"形，呈腾飞状，前肢关节转折和后肢与躯干连接的部位收束紧凑，仿佛正在积蓄着无限的力量，准备下一次的腾跃。

前、后肢及爪部伸展得很开，肢体部几乎达到"一"字形，并突破内环，龙爪牢牢地扒在外环内壁上，给人以强烈的动感，用阔步青云来形容似乎还显不足，龙首部位的收缩与躯干尾部的张扬巧妙结合运用。

而外环上阴线刻5组竹节纹饰，把外环等分为5部分，把5个竹节纹连接起来，刚好是符合黄金分割定律的五边形，连接其中两点刚好是

这个玉环的黄金分割线，龙和凤的眼珠恰恰就在这条线上。

　　古代玉工认识及掌握美学要素的深度令人叹服。整体构图的特点是：主次分明，张弛有度，疏密得宜，极有动感。镂雕技术与"游丝毛雕"的线刻技法有机地结合；龙、凤肢体的边缘用小弧面过渡，颇显浮雕感；阴刻线的表现细若游丝，弧线部位转折流畅，张力饱满，线断却神不断；既气宇轩昂又优美流畅，实属汉代古玉难得之珍品。

　　再如，一件汉代玉剑彘，雕琢大小两条螭龙，两螭对视，大螭龙身躯舒展，动势灵活，绞丝纹尾，旋转有力，肢体伸展适度，错落有致，肢体和躯体的边缘陡立，立体感强烈。眼中似有柔情，注视着小螭龙。小螭龙为穿云状，状态活泼而有朝气，回首张望大螭龙，含着几分依恋。

　　此件为西汉中期制作，凶悍的造型中流露着几分柔美，舐犊之情跃然而出。

　　蒲纹出廓"宜子孙"玉璧为东汉时期制作的，其出廓部分为两条螭龙缠绕环抱着篆书"宜子孙"。螭龙形态要比起汉早期的龙形要纤弱柔美。

龙角和龙的卷尾变化出许多小弧形来，与云形装饰纹交错，显得华丽而优雅。立边进行修饰，形成柔和的圆弧过渡。脸部眼神不再凶悍，而多了几分可爱，没有汉代早期龙的凶狠。身躯的"S"线更趋圆滑，更多的是柔美，少了汉早期的力量体现。

该玉璧外圈部分的浅浮雕螭龙造型也同样是这样的风格，内圈的蒲纹、乳钉纹制作饱满、规矩。其工艺制作精良，剔地及打磨工艺细致认真，从艺术表现来看其神韵正是从野性奔放、震慑四方的雄浑大气而转向富有尊贵、细致优雅。

这便是汉代玉器发展过程中的风格变化主线，也是其艺术表现形式的演变，更是汉代玉器神韵的脉络。

有件汉代玉夔凤纹樽，高12.3厘米，口径6.9厘米，足径6.8厘米。樽为白玉质，有褐色沁斑。此樽有盖，盖面隆起，中心凸雕一花瓣形钮，钮周凸雕3个鸟形伴钮；器身表面有带状夔凤纹和谷纹，间刻小勾云纹；一

侧有环形柄，顶端形成简单云形出廓，上饰一兽面纹。底有 3 个蹄形足。造型端庄，图案精美，系仿青铜尊而作。

而另一件小巧的汉代玉螭凤纹觿，宽6.5厘米，高7.8厘米。玉为暗白色，局部呈褐赭色，片状，中部为心形玉片，表面饰云纹，中心有孔。玉片上部透雕云头装饰，两侧分别透雕螭、凤，螭细身，大臂，长角，长尾，凤亦细身，长尾，头顶之翎长而分叉。

还有一件玉夔纹觿形佩，长12.3厘米，宽3.6厘米。玉为暗白色，片状，弧形，上部有尖锋，其外饰有透雕的夔纹。此器应系东汉玉觿的代表作品，中部的孔径很小，其外的透雕装饰是从夔凤图案演化而成的非动物形图案。

古代动物玉器中，玉蝉的使用历史较长，在新石器时期的红山文化、良渚文化、石家河文化遗址中都有发现，其后至汉代的各个时期，蝉都是玉质作品中的重要题材。

有件汉代玉蝉，长2.9厘米，宽2.1厘米，厚0.8厘米。白玉质，有褐

色斑，薄片状。扁腹，腹下有纵向的直线纹。长翅，翅上无翼纹。小头，双目凸出于头两侧。

玉蝉的用途主要有两项，一为佩饰，流行于商之前。汉代玉蝉多为逝者口中的含玉，称为"琀"。在逝者口中置玉是古代的一种入葬习俗。

战国早期曾侯乙墓中的玉琀为一组小牲畜，汉代墓葬中也有较多的玉蝉，其上多无穿绳挂系之孔，用蝉作琀有祝愿逝者蜕变再生之意。

玉猪在汉代墓葬中有较多的发现，一般都置于逝者手中，为丧葬使用的玉握。

有两件汉代玉猪，其一长11.2厘米，高2.9厘米，另一长11.7厘米，高2.6厘米。两件作品所用皆为新疆玉，颜色不同，一件玉呈青绿色，另一件玉呈青白色。圆柱状，底面较平，两端略作切削以呈猪首及猪尾的外形，又以粗阴线界出眼、耳、四肢，雕琢简练朴实。

在汉代及稍后时代的丧葬礼俗中，玉猪的使用较为流行，其中的一些作品四肢直立，头、臀部隆起，形象较为真实。

汉代动物玉器很有特色的还有玉卧羊，这件玉卧羊高3.1厘米，长5厘米，宽2.2厘米。玉羊为圆雕，玉料青白色，局部有沁色斑。羊卧姿，昂首目视前方，眼睛以阴线刻成圆形，外圈加弧线。双角弯曲盘于头后方两侧，颈下及身体两侧以平行的短线饰作羊毛。前足一跪一起，后足贴腹下。

玉羊的造型自商代即已出现，汉代时圆雕玉羊的造型已十分准确，多为静态卧形，身体肥硕，背部丰满，短颈，嘴部似榫凸，羊角雕琢细致，大而夸张，一般向下盘旋弯曲，羊身上多有阴线细纹为饰。此类玉羊用作玉镇或陈设品。

知识点滴

汉代玉器是王玉的典范，以龙凤为题材的玉器作品的神韵又是汉代玉器中最具代表性的，此后"龙凤文化"成为中华民族的精神象征。

在鉴赏玉器时一定要以王者的视角来体会其中的神韵，感受唯我独尊的霸气，舍我其谁的勇气，天地四方的博大。这种气质是后世难以比拟的。即便科技进步，工具发展，工艺先进，可这种气韵却似凝固在那个历史时期。

后世从宋代就开始仿制，直到清代以倾国之力来模仿，或现在利用高科技手段来仿做，唯有貌似却难有神似。因此汉代玉器的那种神韵留给我们的是无限的遐想和敬仰。

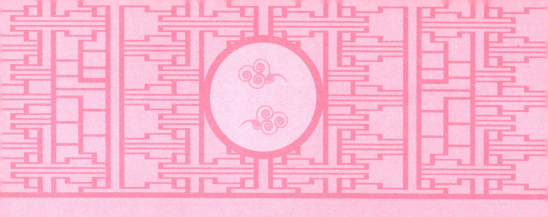

开创全新局面的隋唐玉器

两晋南北朝时期，我国社会处在一个南北分裂、动荡不安，战乱频频的大环境下，整个社会的发展受到极大的影响和限制。在这样的社会条件下，玉器的发展同样受到了抑制。尤其是曹魏文帝下令禁止使用玉衣，致使葬玉一落千丈。

从墓葬发现玉器情况来看，大部分仅有简括的玉猪、玉蝉之类的玉雕，而且仅在有限的范围内存在，已不见各种玉用具和玉佩饰出

现，说明此时无论是玉器的加工制造还是社会保有量都大大减少。

南北朝时佛教传入我国，故这一时期出现用于佛教方面的玉器，主要是各种佛像，民间以曲阳白石和黄花石造"玉佛"供养。

隋唐是我国封建社会的两大强盛帝国。这也反映在玉器文化的发展上。隋朝历史很短，在玉器史上，隋代玉器工艺不曾有什么独特的建树，却为一个新的玉器时代拉开了序幕。

著名的隋代玉器是镶金边白玉杯，发现于陕西省西安市李静训墓，高4.1厘米、口径5.6厘米、底径2.9厘米。此杯为直口平唇，深腹，下有假圈足，平底实足。口部内外镶金一周，金沿宽0.6厘米。

杯用白玉制成，保存完整，造型、制作均很精美。从这件镶金边白玉杯看，隋代已有了很精湛的玉器制作技术。

隋代玉器的品种新出现的有玉铲形佩、玉双股钗、玉嵌金口杯和玉兔等近10种。无论是已有或新出现的玉器，其用料和局部结构形式等方面都有很大的不同。如玉兔，系和田羊脂白玉圆雕而成，通体光素无纹，两侧腰有一横穿圆孔，以供佩系用。

隋代双股玉钗，一改以往以单股为钗之式，对其后唐宋的玉钗式样制作和使用具有重要影响。

隋代玉器虽然品种和数量不多，但都是用优质青白和田玉制作，这与战国以前和魏晋南北朝玉器用料较杂、使用优质和田玉较少的情况呈鲜明对比。

受到波斯文化的影响，隋唐玉器上出现了一些新的造型和图案。佛教题材玉器有飞天，肖生玉有立人、双鹿、寿带、鸾凤等，都受到当时绘画与雕塑艺术的影响。

隋唐时期，达官贵人身着佩玉，尊卑有序。《隋书·礼仪表七》记载：

天子白玉，太子瑜玉，王玄玉，自公以下皆苍玉。

陕西省泉县兴隆村唐越王李贞墓发现玉佩6件，2件较大，为上窄下宽，上饰云形边，两侧连弧形，底边平直，上有一孔；另一大件作云头形，上下两边各有一孔。另外4小件有璜形与云头形，上下两边各一孔，为一组佩饰，青玉，光素无纹。

在陕西省西安市唐大明宫遗址发现一件白玉嵌金佩饰，应为皇家用品，此为片状近三角形，底边平直，顶尖有一小孔，两腰为三连弧形，正面镶勾连云纹金饰，纹饰流畅，金玉辉映，玉质洁白无瑕，晶莹光润，显得富丽堂皇。

唐代的玉佩多为光素无纹，说明在春秋战国到汉代极为盛行的佩玉，到唐代已

失去它的光辉，正在走下坡路。同时，隋唐时玉器加工技艺已趋成熟，砣法简练遒劲，突出形象的精神和气韵，颇有浪漫主义色彩。尤其是立体肖生形象的肌肉转折处理能收到天然得体的良好效果。

隋唐时期已普遍采用产自西域的和田玉，和田玉温润晶莹的特性在各种玉雕人像、动物造像中也得到了充分的体现，从而使形象美与玉材美和谐地融为一体，提高了玉器的艺术性和鉴赏性。

隋唐玉器在装饰材料上，金玉并用，色泽互补，金相玉质，形成隋唐玉器绚丽多彩的面貌。在玉器上出现黄金饰件，始见于战国至汉代，当时的黄金饰件主要起垂勾之用，如金链串玉佩、玉带钩等。隋唐用黄金饰玉，虽然也起特殊的功能作用，但主要起装饰之用。

隋至盛唐玉器，无论是简练还是精琢，其处理都恰到好处，均可达到气韵生动的艺术境界。

唐代玉器旧的礼仪玉退出舞

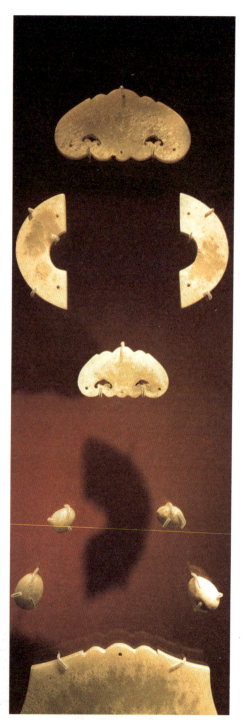

台，出现新的礼仪玉，已不用周代的琮、璧等"元器"，只有禅地玉册与哀册两种。禅地玉册呈简牍状，多五简为一排，以银丝连贯，册文作隶书。

泰山脚下的蒿里山上有座阎王庙，庙前有座文峰塔，在塔的原址上发现5种颜色的土，五色土呈方形，中间为黄色，四周为红、白、青、黑色。

原来，古代皇家祭祀时，要在社稷坛的坛面上铺设五色土，5种颜色的土在安排上也有讲究：黄土居中，代表统治者的最高权威，东西南北依次为青白红黑，象征四面八方对皇帝的辅佐，也有"普天之下莫非王土"的寓意。

就在五色土下面，发现了两个金盒，里面整齐地摆放着两卷玉片，一卷由16块长方形的玉简组成，另一卷则由15块玉简组成，玉片晶莹剔透，上面都刻有文字，字体端庄清秀。

据考评，两卷玉册第一卷是唐玄宗李隆基的封禅玉册，另一卷是宋真宗赵恒的封禅玉册。

玉哀册是帝王下葬时的最后一篇悼文，是称颂帝王功绩的文辞。玉哀册呈扁平片状，但均较宽长，表面磨平，正面刻楷书文字，背后顺序编号。

唐代玉器的品种式样几乎是全新的。即使名称仍如前期，但形式也是各不相同，作用也较单纯，多数与实用和佩戴有关。

汉魏时期曾有回光返照的礼器和盛极一时的葬玉几已消失。所见者主要有作佩饰用的玉簪、玉镯、玉带板、玉人神仙佛以及作实用的玉杯等实用器具。

在陕西西安南郊何家村发现的唐代镶金兽首玛瑙杯，高6.5厘米，长15.6厘米，口径5.9厘米，选用的材料是一整块世间罕有的带条纹状的红玛瑙，玛瑙两侧为深红色，中间为浅红色，里面是略呈红润的乳白色夹心，色彩层次分明，鲜艳欲滴，本身就已是极为罕见的玉材。

此杯为模仿兽角形状，口沿外部有两条凸起的弦纹，其余的装饰重心均集中于兽首部位。兽作牛首形，圆睁双目，眼部刻画得惟肖惟妙，炯炯有神，长长的双角呈螺旋状弯曲着伸向杯口两侧，双耳硕大，高高竖起。兽嘴作镶金处理，同时也是作为此杯的塞子，双唇闭合，两鼻鼓起，就连唇边的毛孔、胡髭也刻画得细微精确。

这种角杯实际上源于一种被西方称为"来通"的酒具，这种造型的酒具在当时中亚、西亚，特别是萨珊波斯的工艺美术中是十分常见的。因此，这件玛瑙杯很可能是由唐代工匠模仿西域传来的器物所制作的。它是唐代与西域各国文化交流的重要佐证。

唐墓中常发现妇女化妆盒，如有一海棠形玉粉盒，最长5.5厘米，最宽4厘米，高不到1厘米。有盖，子母扣，盖面隆起，面阴线雕刻花朵与盒形相应，简单明快，可谓万紫千红玉为先。

在陕西省西安市南郊何家村发现的除镶金牛首玛瑙杯外，还有刻

花白玉羽觞、玛瑙羽
觞、水晶八瓣花形长杯
等。造型奇特，线条流
畅，选料精美。

玉簪自新石器时期
出现就一直未断，但隋
代以前皆为单股形，自
唐代始，除隋代始见的
双股钗和最早出现的单
股钗仍制作使用外，又新出现一种簪头部分为玉制、宽薄片状，簪身
为金银质的复合式簪。

玉梳始见于殷商，此后各代每有所见，唯早期多呈圆首圭形或长
方形。及至唐代，这一形式已消失，新出现的有宽长半月形。

玉梳有两式：一式为整体都由玉料制作，半圆形，上端为梳柄，
下端为梳齿，整体用一块玉制成，它与前期玉梳相比，齿牙加宽并变
短，从而更方便使用。另一式玉梳也如玉簪，即一部分为玉质，另一
部分为金银等金属，金属质作梳齿且多已无存。

唐代玉镯很罕见，所见一对玉镯由3段玉质呈扁弧形或璜形器再用
黄金包嵌为镯。

我国古代衣着特点之一是穿长衫，腰部需用大带束住。唐代开创
的按官级高低佩带的玉器服饰玉带富有时代特征，是一种"等贵贱"
玉器，是我国封建社会的首创。

用玉带銙的佩带形式来象征官位及其权力，一般三品以上文武官
员方许佩用，其规范化与制度化，是我国古代礼仪玉器中的重要发明

和创新。

唐代玉带銙的颜色由紫色向其他颜色递变,紫色位阶最高。紫色其义来源于紫微星,据传是天帝所居处,故以紫色位至尊。而且带銙以玉为最高,依次为金、银、铜、铁。同时,据官爵的高下,所用玉带銙的节数有严格规定,由13块至7块,尊卑有变。

唐代发现均为玉带上嵌缀的带板,数量相当可观,仅陕西省西安市何家村一处窖藏中就发现数套。从当时玉带板制品看,在一条玉带之上,带板确有大小件数之别和纹饰的不同,最多者达15件套,形式有扁平状的正或长方形、半月形和圆首圭形3种。

唐代玉质实用器皿,见者除玉杯外,尚有玉勺、玉盘、玉盒和玉罐等。其中以玉杯最多且形式新颖多变,见者有莲花式、云形、椭圆形、瓜果形等。

唐代玉器中的人神仙佛及纹饰,也进入全新的发展和变化期,其形式之多为前所未见,计有宽衣博袖的文人士大夫、头戴乌纱帽的官吏、衣着华丽美妙的仙女、长髯无冠的老人或道士,与汉族人形殊别的所谓"胡人"和具浓厚佛教色彩的飞天等。

唐代玉器中的佛教文化内涵丰富多彩,是唐代玉器重要的文化特

色，其中以飞天为典型代表，是时代最早的飞天玉器，是后世同类玉器的先导。

唐代飞天玉器用料均由新疆和田羊脂玉、白玉雕就，在玉材和艺术上表现出飞天的圣洁与高贵。玉飞天的艺术风格为飘然妩媚，淡雅萧疏，情韵连绵，尤显灵动之美，尽显镂雕之妙。

唐代最善于吸收外来文化因素，作为汉族传统文化的营养。伎乐纹玉带板是唐朝引入西域音乐、文化的历史见证，是唐朝成功地进行东西部文化交流的重要内容。唐代玉带板上的伎乐纹中，演奏乐器者属坐部伎，铊尾上的舞蹈者属立部伎，其形象为：深目，高鼻，卷发，留胡须，着胡衫，紧袖，束腰、肩披云带，足蹬乌皮长靴、舞于氍毹上，舞姿生动传神。

唐代玉器上的动物造型也突然增多。除传统的龙、凤、螭外，更有一些写实性很强并具某种吉祥寓意和为推崇伦理道德服务的动物出现。见者有狮子、鹤、雁、鸳鸯、孔雀、绶带鸟等。其中狮子、孔雀两种动物为玉器中首次出现，鹤、雁等鸟形为成对相向展翅飞翔态。

有一件唐白玉线雕龙纹璧，龙头长双角，张口露牙，嘴角长大超过眼角，颈后有须，下唇留须，龙身满饰方格形鳞纹，背生火焰状鳍，四肢作腾飞状。

璧上的鸟纹为短翅，多呈展翅形，翅端向头部扇起，排列整齐阴线表示羽毛，丰满健壮，活泼和谐，生活气息浓郁，与金银器、瓷器、铜器等鸟纹一致。

唐代玉器上的植物纹图，为首次以写实而又具体的形式在玉器上展现，并与上述的动物纹图相似，具有某种含义。常见的有蔓草、缠枝莲和葡萄等花果，或单独组纹饰器，或与其他动物复合组图。

唐代玉器的制作和刻纹的表现手法在局部也有很大的发展变化。其中以整体图案隐起，又称挖地或剔地阳纹，再在其上加阴线，局部细纹法尤为突出。

晚唐及至五代十国时期，我国再度出现分裂，社会经济严重萧条，玉文化也受到极大的影响，表现为五代十国的玉器少之又少。

唐代玉器玉料精美，种类多样，工艺精湛，内涵丰富，以超凡的文化艺术品质在我国悠久的玉文化历史上留下了光辉灿烂的一页，并为后人进行中华玉文化的跨文化研究奠定了第一块基石。

其后，清代康乾盛世时，巴基斯坦及南亚玉器的传入，可以认为是唐代玉器引入外来文化艺术成果的延续与发展。

宋元明清玉文化

　　宋代玉器承前启后，玉器画面构图复杂，有浓厚绘画趣味，完成了唐玉由工艺性、雕塑性向宋玉的绘画性、艺术性转变。

　　元代玉器继承了宋玉的造诣和风格，但没有将其推向新的高峰，元代除碾琢礼制用玉之外，还广泛地用于建筑和家具。

　　明、清玉器渐趋脱离五代、宋玉器形神兼备的艺术传统，形成了追求精雕细琢装饰美的艺术风格。同时，古玩商界为适应收藏的社会风气，还制造了大量伪赝古玉器。

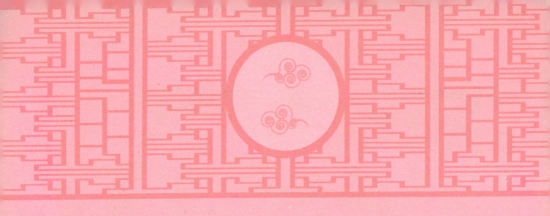

形神兼备的宋辽金玉器

960年至1234年的274年间，是我国历史上宋、辽、金的对峙分裂时期。宋、辽、金玉器实用装饰玉占重要地位，"礼"性大减，"玩"味大增，更接近现实生活。

宋代是一个手工业和工商业空前发展兴盛的时代，国富民强，文化发达，雕版活字印刷普遍，理学、书法、制银、瓷器等都得到很大发展。此时期的玉器正处在一个承前启后的转折阶段。两宋玉器承袭两宋画风，通常画面构图复杂，多层次，形神兼备，有浓厚绘画趣味，完成了由唐玉偏重工艺性、雕塑性向宋玉偏重绘画性、艺术性的转变。

宋徽宗赵佶嗜玉成癖、爱玉如命，他虽然不是一个好皇帝，但却是个出色的艺术家，爱好艺术，所以此时的皇家用玉品种丰富多样，佩饰类有玉束带、玉佩，用具有玉辂、玉磬，礼器有玉圭、玉册等。内廷专设有玉作，玉料由西域诸国进贡。

民间用玉也较前朝为盛，大量出现各种玉佩饰、玉用器。同时，宋代出土前代古玉增多，滋长了仿制古玉之风，周汉间的古物大量出土，朝廷及士大夫热衷于收集、整理研究古物，形成一个新的学门，即金石学。

金石学的形成，兴起了集古玉的热潮，为满足社会需要，宋代仿古玉大量涌现。皇家、官僚及民间均风行收藏古玉，古董行开始出现伪造或仿造古玉之风气。因此，宋玉又可分为古玉、时作玉、伪古玉和仿古玉。

宋代仿古玉器兴起，仿战国、两汉的玉璧开始出现，但在雕刻刀法上又有所不同。宋代的雕刻工具多是用砣子制作的，因此有砣制的痕迹出现。

此时期玉璧虽仿于古型，但同时也体现了许多当时琢玉的做法。玉璧形体浑圆，边沿呈圆形转角，不见锋棱，所仿谷钉稠密模糊，动物纹饰和造型在细部常有明显不同。

宋代肖生玉在崇尚写实主义的影响下追求形体及运动的准确表现，以显示其内心世界。花鸟玉佩多做隐起、镂空的对称处理，富有生活气息，双勾的经文诗词等铭刻玉器盛极一时。

宋代实用玉器皿不仅比唐代品种多，数量也多。文房玉具，已不再仅仅是文人把玩的玉件，而是有可供文人书写的实用器具。

宋代传世古玉较多，如白玉夔龙把花式碗、白玉云带环、白玉镂空松鹿环饰、青玉镂空龟鹤寿字环形饰、白玉镂空双鹤佩、白玉孔雀衔花佩、青玉镂空松下仙女饰、青玉卧鹿、黄玉异兽和白玉婴等，都是宋代玉器的佼佼者。

宋代传世宫廷玉器中最重要的一件是般若波罗蜜多心经玉子，系八角管状，高仅5.9厘米，宽1.5厘米，中穿孔，便于系佩，阴勒双钩经名、经文、译者、纪年、作坊等16行， 292字，每字比芝麻粒还小，笔道比丝还细，篆工纯熟，书法遒丽，末二行落款为"皇宋宣和元年冬十月修内司玉作所虔制"，可知系内廷玉作碾治，供皇族佩带。

西周以后鱼类玉器数量锐减，唐代又有回复，宋代佩鱼之风又盛，出现了较多的玉鱼，样式、种类不一，或与荷莲、慈姑相伴，或仅单条鱼，或无鳞，或饰横向水线，或饰网格纹。荷花与鱼相并含有连年有余之意，是吉祥图案的一种。

如宋代玉鱼莲坠，长6.2厘米，宽4厘米，厚0.6厘米，玉色白，表面有赭黄色斑。鱼小头，长身，无鳞，鱼身弯成弧状，昂首，尾上翘，鳍短而厚，共6片，其上有细阴线。鱼身旁伴一荷叶，长梗弯曲，盘而成环，可供穿系绳。

花鸟类玉器在宋、辽、金时期比较多，其中不乏鸟翅一只伸开，另一只下折的造型，这种鸟衔花玉饰是宋代较流行的样式。

如玉孔雀衔花饰，长7.6厘米，宽3.8厘米，花饰玉色青白，有赭色斑，为半圆形玉片，其上透雕孔雀衔花图案。图案主体为孔雀，孔雀回首，拖尾，展翅，口衔花枝，枝上有花两朵，品种不同。此件作品较一般宋代花鸟玉佩更为精致，据其形状，可能是一种嵌饰。

辽金玉器也是由汉族玉工碾成，但其题材却富有边疆民族特色和游牧生活气息，以契丹、女真两族生活为主题的春水佩和玉秋山为其杰出代表，均有着形神兼备的艺术造诣。

辽是我国东北辽河流域由契丹族建立的地方政权，916年由耶律阿保机创建，其疆域控制整个东北及西北部分地区。

虽然辽是由一个较为落后的边疆民族建立的地方政权，政治、文化较为低落，但长期与汉族比邻，并受先进中原文化的影响，故在文化及用玉制度上，均受宋唐文化的影响，朝廷用玉甚至更广于唐宋，规定皇帝系玉束带，五品以上官吏服金玉带。

辽的玉器制度，除脱始于唐风外，也有其自身特点，比如用玉上，崇尚白玉，尤其推崇和田白玉。同时契丹贵族金银玉互用，契丹贵族把这些价值连城的佳材融为一体，制成精美绝伦的工艺品，既反映契丹族的工艺水准，同时又折射出契丹贵族奢侈的生活。

玉带板是辽代重要的朝廷用玉，其特色是定数不一，厚薄略有出入，多光素无纹，四角常以铜钉铆在革带上。辽代肖生玉器以动物造型为主，植物和几何造型很少，这可能与契丹以游牧经济为主，长期与动物为伍有关。

金所处的年代是和南宋相对峙的特殊年代，同时又是北方少数民族所为，因此具有浓郁的时代特色与民族风格。

金代玉器之所以繁荣，一是由于女真族在契丹辽及北宋地区大量掠

夺珍宝，刺激了金代玉器的发展；二是学习先进的中原文化，促进了玉器的发展；三是金代有较为充足的玉料、玉匠，加速了玉器的发展。

金代玉以回鹘贡进或通过西夏转手得到新疆玉。为了确保玉材的使用，金规定朝廷玉多用和田玉琢制，祀天地之玉皆以次玉代之。金在扩张过程中，俘虏的大批玉匠，有的原在辽境内，有的直接从北宋境内掳掠而来。

"春水玉""秋山玉"是金的代表作。契丹、女真均是北方游牧民族，渔猎经济占主导地位，春水、秋山原为契丹族春、秋两季的渔猎捺钵活动。所谓捺钵，即契丹族本无定所，一年之中依牧草生长及水源供给情况而迁居，所迁之地设有行营。

女真族建立新政权后，承袭了契丹的旧俗，狩猎于春秋的娱乐活动，并将捺钵渔猎活动改称为"春水""秋山"。

常见的"春水玉"表现为残忍场面，通常是海东青捉天鹅图。海

东青是一种神鸟，又名鹰鹃、吐鹰鹃，主要生长于黑龙江流域。它体小机敏，疾飞如电，勇猛非凡，自古以来深得我国东北各民族的喜爱，有专人进行驯养，用以捕杀大雁及天鹅。

有件玉海东青啄雁饰，直径7厘米，厚2.1厘米，玉饰分为上、下两部分，下部为圆形，上部雕海东青啄雁及荷叶图案。海东青体小而敏捷，腾空回首，雁于海东青身下，回首与其对视，欲逃不能，身傍荷叶，一荷叶束而未张，一荷叶张而卷边，表明大雁已被迫降至荷塘，难寻生路。

此玉饰两侧各有一椭圆形隧孔，可穿带或套入钩头，表明此物是一种用于人身的带饰。

秋山玉是表现女真人秋季狩猎时射杀鹿的情景。在金代，秋捺钵也称伏虎林。在雕琢技法上，常留色玉皮作秋色。

在表现手法上，秋山玉有繁、简、之分，场面不像春水玉残酷无情，而是兽畜共处山林，相安无事，一幅世外桃源的北国秋景。

嘎拉哈玉玩具，也是一种充满女真民族情趣的玉具。玉嘎哈拉是女真贵族儿童的玩具，中间有一穿孔，可随身佩带。玉形似羊或狗子的髌骨，类似汉族童子玉坠，似有希冀少年福祉不断之意。因是羊或狗子之骨，是北方主要供食用动物之骨，长年佩带，具瑞祥之兆。

金人常服玉带为上，庶人禁用玉。金代女真族佩带玉较为普遍，其时称作"列"，多作腰佩。金代佩饰玉以花鸟纹为主。金代花鸟形玉佩，多作绶带鸟衔花卉纹。

因"绶"与"寿"字谐音，故寿带鸟是福寿的象征，绶带鸟衔花卉纹，寓意春光长寿，勃勃生机。

而龟巢荷叶也是金代另一重要玉佩，是寿意类。

金代玉佩的一个重要特点，是其艺术不是孤零零地表现一个物体或一件动物；而是花与鸟、龟与荷叶、鱼与水草相辅相成，动静结合，表现出周围的环境特点，富有生活气息。

宋、辽、金都出现了前所未见的有情节、有背景的景观式构图，以镂空起突等法碾琢的悬塑性或立体的肖生玉器。

它是这一时代玉器的新兴形式，有着鲜明的时代特点，还出现了受道教影响的神仙题材和"龟游"一类祥瑞玉器。

总之，此时期玉器的特点是：玉如凝脂、构图繁复、情节曲折、砣碾道劲、空灵剔透、形神兼备，是我国玉文化的第二个高峰期。

知识点滴

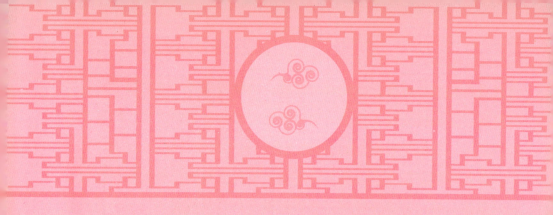

大气精致的元代玉器

　　元代除碾琢礼制用玉之外，还将玉材广泛地用于建筑和家具，玉器应用范围扩大，数量有所增加。内廷的制玉机构及碾玉作坊规模空前庞大，元代内廷与官办玉器手工业特别发达。

元朝将首都迁至大都，入主中原后，由于受金文化和汉文化的影响，元朝琢玉业得到很大发展。因为承袭金与南宋的官办玉艺的既成布局，大都和杭州遂成为两大玉器工艺中心。

元朝的琢玉业有很大发展，首先是接受了汉族传统的爱玉风尚，近取金宋、远法汉唐。其次是继承宋金传统琢法技艺。元朝政府网罗掌握了大量的工匠，使之官办手工业生产。

同时，元代沿用宋金玉器传统题材，花卉纹的延续，螭虎纹的再兴，春水玉、秋山玉的进一步世俗化。虎纹是龙子之一，始见西汉，历代虽有雕琢，但运得均不多，元代螭虎纹不仅应用得多，而且非常成功，并创造出元代的风格。

元玉器中有两种是与蒙古族相联系的，一是玉押，供签署公文、告示之用，一品高官方可使用，十分珍贵；二是玉帽顶，曾召西域国工碾治玉九龙帽顶，螭、虎形象的运动和曲线处理颇为灵秀细劲，均较为成功。

元代文人用玉制造文具，仿古尊彝玉器继续流行，古玉的搜集、保存、鉴赏在文人中一如既往，风行不止。此时画家朱德润编写的《古玉图》，是我国第一部专门性的古玉图录。

元代传世玉器中最大的一件是"渎山大玉海"。

13世纪，成吉思汗统一蒙古，向黄河流域一路扩张，后来，元世祖忽必烈定国号为元，定都大都，元军在攻占城池的同时，也缴获了大量稀世珍宝，其中有一块重达5吨的特大玉石，色泽青白带黑，质地细腻润滑，是一块天然宝石。

1265年，忽必烈为犒赏三军而将这块南阳独山玉制成了渎山大玉海，于当年完工。其器体呈椭圆形，是一件巨型贮酒器，忽必烈意在反映元初版图之辽阔，国力之强盛，是我国玉器史上划时代的里程碑

式作品。

渎山大玉海又名玉瓮、玉钵，高0.7米，口径135厘米至182厘米，最大周围493厘米，膛深55厘米，重达3500千克，可贮酒30余石。

周身碾琢隐起的海

龙、海马、海羊、海猪、海犀、海蛙、海螺、海鱼、海鹿等13种瑞兽，神态生动，气势雄伟，是元代玉器的代表作。

玉海完工后，奉元世祖忽必烈之命，置元大都太液中的琼华岛广寒殿，明末移至紫禁城西华门外真武庙。

至1745年，乾隆皇帝命以千金易得，于4年后迁于北京北海公园团城上的承光殿前，再配以汉白玉雕花石座作衬托，他又命40名翰林学士各赋诗一首，刻于亭柱之上。

元代的传世玉器也不乏秀美者，如青玉螭耳十角杯、青玉火焰珠把杯、白玉龙首带钩环、白玉双螭绦环带扣、青玉天鹅荷塘绦带扣与青玉双螭臂搁、青玉镂空龙穿荔枝墨床等。

元代安徽省安庆市范文虎夫妇墓发现的官府玉青玉虎钮押、玉带板，时作玉垂云玉及仿古玉尊等。

江苏省无锡市钱裕墓发现了元代玉海青攫天鹅环、玉龙荷花带钩和青玉鳜鱼坠等。

另外，江苏省苏州市张士诚母墓也发现有青玉10节竹环、玉佩，张士诚父墓有光素节25块等。

钱裕、张士诚父母墓的玉器都是由苏州碾制，这些玉器精工者少，作为鉴定玉器的标准器却有着重要的价值。

元代将春水玉逐渐演化为鹰击天鹅、芦雁荷藕图，又将秋山玉逐渐衍变为福鹿图案，其影响一直波及明清。从史书记载看，元明清三代，宫廷玉器匠前期得到更大的发展。

元代玉带钩曲线较为平缓，但玉器增大，多呈琵琶形。此时对朝廷用玉备加重视，元代玉产地有和阗及匪力沙两地，官办玉作坊利用和阗、匪力沙所出玉材碾玉，碾玉砂亦称"磨玉下水砂"。

而且，朝廷专设琢玉机构，元代官办手工业很发达，元朝政府设有许多管理手工业的机构和官办手工业作坊。元朝的官办手工业玉作坊，始终以元大都为中心，那里有金代的琢玉传统。另一个设在杭州，因有南宋良好的琢玉基础。

另外，由于受玉材及雕琢技艺的限制，我国玉器主要以小巧玲珑著称，因而常被划入古玩类，其科学艺术及历史价值常被研究者忽视。而

元代朝廷开始琢制巨型玉器，比如，渎山大玉海之类就是其代表作。

元朝廷有琢制大件玉器的爱好，并且有专门的朝廷用玉，主要在生活用玉、佩玉及处理公文用玉等方面。同时，元代新颖玉器展示

风采，新款玉器除玉押、帽钮外，还有玉带环、玉带扣等。

如白玉龙钮押，长5.8厘米，宽5厘米，高4厘米。玉押方形，略厚，底面有凸起的阳文图记，上部为龙形钮，龙身短而似兽身，头上有角，披发，四肢粗壮，肘部饰上扬的火焰纹，三歧尾，中一歧长，上冲与头顶发相接。

元代处理公文的玉器要属国玺及新兴品种玉押。押是一种符号，签画于文书，表示个人的许诺，后为使用简便而刻之。元代陶宗仪《辍耕录》记载：

> 今蒙古色目人之为官者，多不能执笔画押，例以象牙或木刻而印之，宰辅及近侍官至一品者，得旨则用玉图书押字，非特赐不敢用。

据此可知，元代百官多不能执笔画押，就以象牙、木刻而印之，而玉押只有一品以上高官由朝廷特赐方可使用。

宋以后，玉器中大量使用螭纹装饰，但螭的形象已无汉代螭纹的特点，更似爬虫。双螭灵芝图案在元代玉器上较为多见。

如玉双螭纹臂搁，长10厘米，宽3.4厘米，厚1厘米。玉色青白，有赭色斑，片状，长方形，两端呈"S"状，两侧下卷，正面凸雕双螭衔灵芝图案，背面饰云纹。据此品的样式、螭纹及灵芝的特点可确定为元代早期所制造。

元代玉器形体气势较大，雕琢技艺炉火纯青，装饰技巧新颖别致。花卉纹、螭虎纹装饰应用得非常成功，倭角的处理非常得体。

元代玉匠在方形玉器的处理上，硬挺挺的直角，为流动的倭角，刚柔并济，同时在边框内外缘刻两条粗阴线，更使元代玉器的线角显得十分优美，玉器的搭配技巧十分熟练。

狮子生活于热带，在我国很少见，但很早即输入我国，因此我国历代工艺品中不乏狮子题材的作品，主要有两种：一种以真实的狮子为造型而加以变化，另一种则较为夸张。如玉镂雕双狮，长7.3厘米，宽5.2厘米，厚1.7厘米。玉质白净无杂色，为较厚的片状，镂雕大、小二狮，大狮卧伏而回首，前肢踏球，小狮直立，前肢举起，与大狮相戏。此件玉狮为小头，腮部有弯月形弧线，具有明显的元代作品

特点。

元代琢玉擅长透雕技法。传世玉器中，常见到的一种玉熏炉顶，大多定为明代玉器。透雕层次略深的可能是元代或辽金时的玉帽顶，在明清时改制成熏炉盖顶钮用。

如玉镂雕龙穿花佩，最大径9.7厘米，厚0.8厘米，玉料青白色。体作扁平的花瓣形，正面以多层镂空法，雕一细长的行龙穿梭在花丛之中。龙嘴微张，长须后飘，身体呈弯曲状。器状四角各有一如意形穿孔，以供结扎用。背面平，仅见镂空穿钻痕而不细加饰纹，原似一嵌饰物。

元代文武官员，凡二品以上者皆可系玉带，其带板之纹图，文官为禽鸟纹，武官为走兽纹，其中狮纹为一品标记和专用图。其上耍狮人一般上着窄袖衣，下着短裙，足蹬皮靴。此戏狮带板，即为其中一件富有生活气息且具典型的代表作。

元代仿古玉仍然是当时玉器的主流。元代最明显的仿古玉实物，要算玉瓶与玉尊了，并且仿摹的对象或是周代青铜尊，或是早期陶瓷贯耳瓶，为清玉器大量摹陶瓷器开了先河。

元代也制作了一些仿汉玉，在技法上不注重追模祖型特征，专以伪残和烧茶褐色斑以假充真。

元代仿唐代玉璧一般器形厚重；大璧少些，以小型居多，做系璧，供佩带用，多数只在一面雕纹饰，排列无规律；动物纹饰带有本朝的特点。元代玉雕刀工粗糙，用刀较深，刀锋常常出廓。

如白玉镂空凤穿花璧，径9.3厘米，厚0.6厘米，玉为青白色，局部有黄色斑浸，正面镂雕一展翅飞翔的凤，并衬以缠枝牡丹，背面平磨，内外缘各有纹一周，雕琢精美，风格华丽。

元玉继承宋、辽、金玉器形神兼备的造诣而略呈小变，其做工渐趋粗犷，不拘小节，继续碾制春水玉和秋山玉以及从南宋继承下来的汉族传统玉器。如元代的玉童子，面部先作减地处理示意表现脸盘，五官紧凑连成一片。用阴线纹刻画眼眶，鼻短鼻头大有棱角。有的戴宽沿尖顶帽，着长袍束腰，下摆肥大如裙，脚着长筒靴，手持绣球飘带。

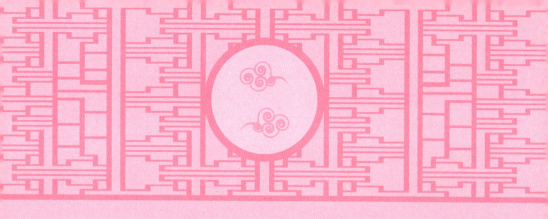

追求装饰美的明代玉器

明代玉器的发展变化也是与社会的变化相关联的，从总体上看，明代玉器渐趋脱离五代两宋玉器形神兼备的艺术传统，形成了追求精雕细琢装饰美的艺术风格。

明代的皇家用玉都由御用监监制，而民间观玉、赏玉之风盛行，在经济、文化发达的大城市中都开有玉肆，最著名的碾玉中心是苏州。

同时，还大量制造了古色古香的伪赝古玉器，甚至连清朝的乾隆皇帝也曾经被明代仿古玉欺骗。

明代玉器从器型上看，主要有玉礼器、文房用品和日用器皿等。

玉礼器主要有玉璧、玉圭；装饰用玉有玉带板、带钩、带扣、玉簪、鸡心佩、花片、方形玉牌等；文房用品有玉笔、笔架、玉砚、玉洗等；日用器皿有玉盒、玉杯、玉壶、金托玉执壶等。

明代宫廷用玉，多与金银宝石镶嵌工艺结合。这类器物金玉珠宝融为一体，有在玉饰件上镶嵌红宝石、蓝宝石的；有金镶玉的带板；有金饰件上镶嵌红宝石、蓝宝石的；无不雍容华贵，珠光宝气，彰显了明代皇室贵族气派。

明初玉器传世和发现的均有佳作，风格继承元代，做工严谨而精美。比如，青玉绞活环手镯，青玉略带浅灰色，透亮光滑，经过高超工艺的打磨，玲珑剔透，玻璃感极强。因为它是同一块整玉雕琢而成，不是高手很难成功。

这只玉镯由3根玉绳扭作麻花状，彼此相连相依，但又各自独立，

丝丝入扣，活动自如。戴在手腕上，只要手稍稍一动就会发出叮咚清脆的碰撞声，似乎在警醒佩玉者，行为举止切勿过度张狂。

明朝中期的玉器趋向简略，承袭元末明初文人文化的兴盛，出现了具有文人色彩的玉器，如青玉松荫策杖斗杯等。明中期玉器的加工与集散多集中于东南地域如南京、上海、江西等地。

其中，上海市陆深墓发现的白玉铁拐李、白玉蝶、玉鸡心佩、白玉带钩、镂空寿字玉、玉戒指、玉道冠、玉簪等玉件小巧玲珑，代表了这一时期的玉器开始显现出明代社会的特点，玉器的制作加工也可真正代表明代社会的特征。

晚明前期东南一带社会稳定，城市经济繁荣，民间富裕，因此玉器产量有所增加。当时苏州制玉业代表着全国玉器工艺的发展趋势，著名玉工陆子刚就出自苏州专诸巷。

此期代表性的玉器有明十三陵定陵发现的玉带钩、玉碗、玉盂、玉壶、玉爵、玉圭、玉佩、玉带等，包括了死者生前御用玉器和死后的殉葬用玉。其中玉壶、玉爵等使用錾金或珠宝镶嵌工艺，更是绚丽多彩。

由于明中晚期城市经济繁荣，手工业发达，海外贸易频繁，整个工艺美术为商品生产和外销所支配，随之，玉器工艺也出现了商品化的趋势。

在图案方面，与晚明社会风气相符，符瑞吉祥的谐音题材甚为风行，这种"图必有意，意必吉祥"的图案，首先是为了祈福，其次才顾及到美。

晚期名工陆子刚所琢玉器反映了此期时作玉、仿古玉及文人用玉的交错发展的形势。玉文化中的城市庶民、文人的成分与影响正在增强，这是城市商品经济繁荣、玉器生产商品化的结果，也是我国玉文化的新变化。

从流传下来的明代玉璧看，数量比前三代均多，玉质多选用青玉、白玉制作，加工不精。

主要有两种形式：一是一面玉璧浅浮雕螭虎纹，另一面雕仿战国时代的谷纹、云纹或是卧蚕纹；二是根据古文献记载中的玉璧式样加以仿制，璧的两面均饰有仿战国、汉代的谷纹、云纹或卧蚕纹，然后在璧体的边沿外增加其他装饰。

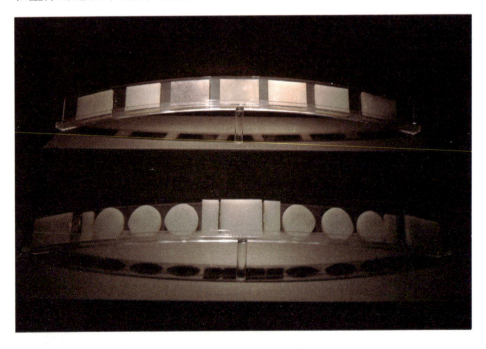

同时，明代开始出现八卦纹饰的玉璧，如白玉大雁纹系璧，直径5.5厘米，玉质洁白莹润，浅浮雕兼镂雕大雁，身态呈翔浮状，清丽优美，中心透空可用作穿系。

明代玉器多谷钉纹，多以管钻套打，谷钉较大横竖成行，周边有明显的套打痕迹。动物造型的耳内多用锥钻打凹，少见直筒，旋纹细而不均。

明代玉器阴线宽深粗放，边棱锋利，槽地砣痕明显，其过线、歧出现象比比皆是。而且底子处理不清，不平整，俗称"麻底"。

从总体上看，明代装饰用线以宽而深的阴线为主，截面呈"V"字形，抛物线状，首尾均出峰。

明代还通过海上贸易，得到了大量珍稀宝石，扩大了宝玉石制作的用料范围。

明代典型玉器，如江西省南城益宣王朱翊钶墓发现的玉鸳鸯，高4.2厘米，长5.3厘米，宽3.3厘米。白色兼紫褐色。鸳鸯昂首，缩颈，羽冠较长，圆圈眼，羽翅上翘，口衔莲枝，卧于莲花、莲蓬及莲叶中，姿态生动。底部呈椭圆形，凿有斜孔，以备攒缀之用。鸳鸯呈紫褐色，莲花呈白色，色彩搭配适宜。镂雕圆润，玲珑可爱。

明代玉器的纹饰和装饰手法，有丰富的动物图案：龙、蟒、凤、狮、虎、鹿、羊、马、兔、猴、鹤、鹅、斗牛、飞鱼等。

如明代碧玉雕瑞兽，长22厘米，以碧玉雕成，圆雕兽作卧伏状，

缩颈前视，头呈方形，双眼突出，狮鼻阔口，双耳紧贴头部，背部出脊线，长尾从尾部向前弯曲至后腿，前足微曲健壮有力。整器刻画生动形象，身体各部线条疏密有致，为明代典型器物。

龙纹一直是古代玉器中最常用的纹饰，如明代青白玉双龙纹鸡心佩，长6.15厘米，宽4.2厘米。青白玉，呈半透明状，局部带黄褐色皮，鸡心正面弧凸，上部中心出尖较长，表面饰细阴线勾云纹，转弯处有苍蝇脚出现。

器上部镂雕飘带形龙纹，龙吻上翘，管钻圆眼，龙身饰长阴线，前足一上一下，并刻排列整齐的短小阴线以示脚毛，无后脚，长尾呈水草形卷曲内勾。

左下侧有一长吻小龙，四肢省略。器背龙身光素无纹，鸡心背面下凹，纹饰与正面略同。整器抛光较好，光泽强烈，雕琢风格带明代特征。

明代玉器植物图案菊花、牡丹、荷花、葵花、兰花、石榴花、灵芝、山茶花等，还盛行以图案为底纹或边饰万字、喜字、寿字、流云、朵云、波浪等。

如玉雕莲瓣纹执壶，通高10.5厘米，口径7.3厘米，底径6.5厘米。直颈，硕腹，圈足。腹部有龙首张嘴含流，龙身弯曲成把手，首、身相应。腹部浮雕双重莲瓣纹，外层每片莲瓣内雕"寿"字及一束莲。带盖，盖面浅浮雕缠枝莲。雕工细致，制作工整，造型庄重大方。

明代玉器深受文人画艺术的影响，在玉器上出现了前所未有的诗书画印艺术。如竹筒形青玉执壶，通高12.4厘米，口径8.5厘米。体圆，子母口，壶身作三节竹筒状，盖、底皆平。柄与流皆琢制由竹节上长出的嫩枝条。流出于壶身中节，向上弯曲，饰竹节。柄为双枝细竹扭成，顶端镂雕一孔，可系绳。竹通常比之君子，虚心，有节，或以其四季常青而寓意长寿，深有文人画艺术之风。

同时，明代符瑞吉祥的谐音题材大为流行，在玉器上比比皆是。如马背踞一猴寓意为"马上封侯"、戟磬图案寓意为"吉庆"。如白玉刻渔人得利乳钉纹挂牌，该玉器采用青白玉材，以浅浮雕形式在正面雕一男孩怀抱一条肥硕的大鲤鱼，寓意"渔人得利"，或者说是"吉庆有余"，正是晚明时期社会上流行的装饰风格。

挂牌反面模仿西周、战国时常用的乳钉纹，也有称作"谷纹"的。一来是采用

流行的仿古手法，二来这种文饰本来的寓意也是"五谷丰登"，具有吉庆，祈福的意念。整块玉器雕工精细，手法纯熟，线条流畅，应是苏州一带的玉做件。

知识点滴

考古和文献资料显示，明代玉器生产和使用的规模都胜过宋元。玉器收藏更是空前兴盛，在北京明万历皇帝的定陵中出土了大批玉器，除了冠服用的玉带、玉带钩、玉佩、玉圭、还有壶、爵、盂、碗等玉器皿之外，还有耳环等玉首饰。

在山东、江西等地发现的50座明代藩王墓葬，共出土玉器2000余件。《天水冰山录》中记载查抄明朝权相严嵩财物，其中有857件装饰、陈设、实用玉器和202条玉带的名称。

明人宋应星《天工开物》、曹昭《格古要论》、高濂《燕闲清赏笺》、文震亨《长物志》、张应文《清秘藏》、陈继儒《妮古录》等著作都有论及玉器使用和收藏等方面的情况。

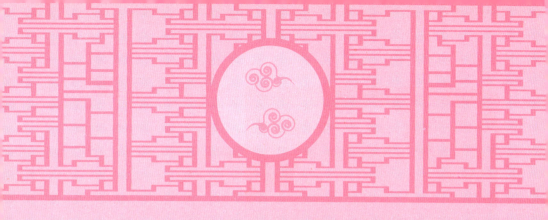

集历代之大成的清代玉器

　　玉器在清代得到了空前发展，形成了我国古代玉器史上的又一个高峰。清康熙时吴三桂追击南明永历帝入交趾，开通了缅甸翡翠进入中原的路线。乾隆时期在西域用兵，又打通了和田玉内运的通路，使和田玉大量运进内地，促进了玉器工艺的迅速发展。

　　乾隆、嘉庆年间是清玉的昌盛期。这时宫廷玉器充斥各个殿堂，

各主要大城市玉肆十分兴旺。民间观玉赏玉之风兴盛，玉器的用途更加广泛，品类齐全。

清代玉器的品种和数量很多，以陈设品和佩饰最多，也最为精美。新增的品种有山水、玉山子、浮雕图画式的玉屏风等；玉佩饰的种类更是非常丰富。

清代宫廷用玉直接受内廷院画艺术的支配和影响，其做工严谨。有的碾琢细致，有的在抛光上不惜工本以显示其温润晶莹之玉质美。

翡翠自清代传入我国后便一统玉器天下，并被称之为"帝王玉"，其地位凌驾于各种宝玉之上。翠玉材质与白菜造型始风行于清代，宫廷作坊中的工匠，或是制作翠玉白菜的玉匠，发挥创意、巧艺，为顺应皇帝的喜好而创作了传世不朽的翠玉白菜。

翠玉白菜长18.7厘米，宽9.1厘米，高5.07厘米，是一块难得的翡翠美玉。这棵翠玉白菜的特别之处在于，它是由整块半白半绿的翠玉、运用玉料自然的色泽颁布雕刻而成。绿处雕琢菜叶，白处雕琢菜帮。

在绿色最浓之处，还有两只昆虫，是寓意多子多孙的螽斯和蝗虫。菜叶自然翻卷，筋脉分明。螽斯俗名"纺织娘"或"蝈蝈儿"，这种昆虫善于鸣叫，繁殖力很强，也是祝福他人多子多孙的意思。

白菜寓意清清白白；谐音"百财"；象征新嫁娘的纯洁，昆虫则象征多产，祈愿新妇能子孙众多。自然色泽、人为形制、象征意念，三者搭配和谐，遂成就出一件不可多得的珍品。

清代玉产地主要有宫廷、苏州、扬州，呈三足鼎立趋势，各具特色。造办处玉作，体现皇帝旨意；苏州玉器，以精巧见长，赫赫有名的陆子刚、郭志通，均出身于清朝最负盛名的碾玉中心苏州专诸巷玉工世家。

苏州玉器精致秀媚，内廷玉匠也多来自该地，专诸巷玉器娇嫩细腻，平面镂刻是专诸玉作的一大特色，而其薄胎玉器，技艺更胜一筹。苏州玉雕以小巧玲珑见长，扬州则以大取胜，玉如意、玉山子是扬州玉雕业的著名产品。扬州玉山子特色明显，玉匠善把绘画技法与玉雕技法融会贯通，注意形象的准确刻画和内容情节的描述，讲究构图透视效果。

扬州玉作发展很快，大有后来居上之势，其玉作豪放劲健，特别善于碾琢几千斤甚至上万斤重的特大件玉器，"大禹治水"玉山即其代表作。

"大禹治水"玉山是清朝乾隆时期的一件重要的玉器，是我国玉器宝库中用料最宏，运路最长，花时最久，费用最昂，雕琢最精，器形最巨，气魄最大的玉雕工艺品，也是世界上最大的玉雕之一。

清朝乾隆年间，新疆和闻地区的密勒塔山中发现了一块重达6吨多的特大玉石。这块大玉石色泽青绿，光洁

滋润，柔和如脂，是一块天赐的奇石。

消息很快传到了京城，乾隆皇帝闻听之后大喜，他决定将这块稀世宝玉雕琢成奇绝之珍。

乾隆喜爱书法绘画。他对宋人所画的《大禹治水图》更是爱不释手，但由于年代久远，这幅画已经破损褪色了，而年过六旬的乾隆，产生了把自己比作大禹的想法，于是下旨把这块特大玉石雕刻成大禹治水图，一方面为了歌颂大禹治水的丰功伟绩，另一方面显示自己效法先王，功绩卓著，以求千古留名。

"大禹治水"玉山工程浩大，费时费工。玉从新疆运到北京历时3年多，在宫内先按玉山的前后左右位置，画了4张图样，随后又制成蜡样，送乾隆阅示批准，随即发送扬州，因担心扬州天热，恐日久蜡样熔化，又照蜡样刻成木样，由苏扬匠师历6年琢成。

"大禹治水"玉山高224厘米，宽96厘米，底座高60厘米，重达5350千克，是世界上最大的玉雕作品。玉山置于嵌金丝的褐色铜座上，以名贵青白二色和闻玉精心雕造而成。青白玉的晶莹光泽与雕琢古朴的青褐色铜座相搭配，更显得雍容华贵，相映生辉。

整块玉石被通体雕刻成山峰状，就好像是矗立在黄河中的一座大山。玉山上雕刻有山峰、小溪、瀑布以及人物等多种题材，匠师以写实的剔地起突工艺技法，将这些题材与材料的原有形状巧妙地结合起来。只见大山间重峦叠嶂，峭壁峥嵘，漫山遍野密布着苍松翠柏，在悬崖峭壁间，聚集着成群结队的治水大军，他们或是开山凿石，或是抬土运石。

在开岩者当中，可以看到治水大军的指挥者大禹的身影。作品生动传神，完美地再现了当年大禹率领民众开山引水的壮观场面。

在山巅浮云处，还雕成一个金神带着几个雷公模样的鬼怪，仿佛在开山爆破，充满了浪漫主义色彩。

玉山运达北京后，择地安放，刻字钤印，又用两年工夫，颇费周折，才大功告成。它的正面钤刻乾隆的"五福五代堂古稀天子宝"大方印，背面刻"八征耄念之宝"方印，下方还有长篇御制诗及注文，可见乾隆对此作品何等骄傲，何等珍视，把它当作自己一生的总结。

清代玉器中有很多大型的观赏性"玉山"，以山水画为蓝本，就地取材，加以设计制作。其做工严谨，一丝不苟。如"桐荫仕女图"，作者利用玉的白色和红色，巧妙地琢制成茂密的树木、假山和石桌石凳，很有江南

庭院的诗意。

　　在圆明园也发现有玉山子，宽31厘米，高26厘米，青玉质，青绿色间夹有黄色皮绺。以浮雕、透雕双勾技法琢刻出穿行于陡峭山崖间的仙翁，手持藤杖，宽衣大袖，长须齐胸，神采飘逸，一童子手攀枝条在前引路，一童子身背小筐，紧随仙人，整器系子玉整雕，借用我国传统绘画中的远山近景技法巧妙地融合在玉雕创作中。

　　乾隆时所称的痕都斯坦玉器是具有阿拉伯风格的莫卧儿王朝玉器，乾隆中晚期时已大量进入内廷，得到乾隆的喜爱，其风格波及北京、苏州、扬州等玉肆。

　　新疆维吾尔族玉器有着鲜明的地方特色，与宫廷玉器和痕都斯坦玉器不同，虽属阿拉伯风格，但器形、纹饰均较单纯，光素器较多，不重磨工。

　　清代玉器无论是在品种数量和制造工艺上都形成了玉器史上的一

个发展高峰期，并形成了不同风格和技术特色的"南玉""北玉"制玉中心。

清代玉器品种和数量繁多，以陈设品和玉佩饰最为发达。陈设品有按青铜器为祖型的仿古形式器皿及各种仁兽、瑞禽的造型。

玉佩的品种更为丰富，成为各阶层民俗事项和服饰广泛佩戴使用的装饰品和吉祥物。此外兼有实用功能的各种玉器皿、文房用品数量和品种也较历代多有增加。

清代玉器在制作上以乾隆时代为分界线，前期治玉重视选料，由于开采条件改善，采集到的优质白玉、羊脂玉数量之多，超过历史上任何时期。材质的精美，为这一时期能产生许多珍宝性艺术品，提供了物质基础。在工艺方面，琢工精巧，光工细腻。

乾隆时代的玉器皿的轮廓线都极规则，横平竖直外缘及子口转折严整挺拔。棱角多呈劲挺锋锐状。起凸的浮雕图案边缘，也处理成锋利边线，观之剔透。在抛光工艺上也很讲究，一般细光处看不见琢镟的痕迹，细光能达到玻璃光亮度。

如一件清代玉带扣，通长12.25厘米，高3.95厘米、厚2.07厘米，白色，长方形板状体，正面浮雕龙纹，龙头居中，身部卷曲。带钩扣鼻为一龙头，带扣孔呈半圆形，背面为方槽形穿孔。

还有河北省南皮县张之洞旧宅发

现的玉盒，通高6.3厘米，口径13.5厘米，底径9厘米，青玉，盒为扁圆形，子母口，矮圈足。盒盖四壁浮雕菊瓣纹，正中圆形开光内，剔地浮雕一朵盛开的牡丹，盒身外壁同样浮雕菊瓣纹，与盖扣合后严丝合缝，周壁的菊瓣纹也一一相对，线条流畅，柔和。

与玉盒同时发现的佛手形玉佩，高12厘米，宽8厘米，厚4.4厘米，白色，玉质细腻，抛光凝润光亮，圆雕一大两小3个佛手，正面在茂盛的枝叶中长出一个大佛手，宛如双手相向半握，大佛手的一侧和背面枝叶下还各生长着一小佛手。

明末清初，鼻烟传入我国，鼻烟盒渐渐东方化，产生了鼻烟壶，因此清代有大量的玉制鼻烟壶佳作，比如，白玉梨形鼻烟壶、白玉茄形鼻烟壶、白玉铺首纹鼻烟壶、白玉扁圆形鼻烟壶、白玉饕餮纹鼻烟壶、白玉双龙铭文鼻烟壶等。

知识点滴

清朝中期以后，玉器生产渐入衰落，不但规模减退，工艺制作上取巧偷工造成规格越发粗糙。如所琢树木花草枝梗，不再精到的琢出圆润的、符合生态的形象，仅以两面削琢的角形凸起代替。花卉图案也不再细致地琢出枝叶穿插、花叶翻卷的形态，大多取平面的浅浮雕处理。

尤其是器皿轮廓线大多拖泥带水，转折含混。许多该作圆雕处理的玉陈设品、玉人、玉山，甚至小件玉佩、玉附的背面，也采取用工极少的粗处理方式。